真の、バリュー投資のための 企業価値 分析

複利の価値増大を享受する 負けない投資戦略

Corporate Value Strategy for
True ValueInvestment

柳下裕紀 [著]
Yagishita yuki

一般社団法人 **金融財政事情研究会**

はじめに

　本書は、筆者が2015年から始めた個人投資家向けのプログラム、「Aurea 人生と投資の会」の講義内容をベースに書かれております。

　会に「人生と投資」と名づけたのは、投資に係る思考方法は株式に限定されるものではなく、人生全般に共通した概念であるからです。特に、われわれの人生は常に「価値と価格の交換」による「投資」決定の連続であり、これを意識することによって、人生における選択の自由の幅は大きく広がり、生み出される価値の量と質が格段に変わるはずです。

　ここで筆者のキャリアを簡単に紹介しますが、スタートは、33年前にシティコープという米系金融グループで証券会社に配属され、それから主にセルサイドで債券（円CB、欧州債、米国債）ストラテジストとして約7年間、その後、バイサイド（資産運用会社）への転向以来、機関投資家（ファンド・マネージャー、またはアナリスト）として、現在進行形で24年間、米国株・アジア株・日本株のファンド運用に携わってきました。途中には、ゴールドマン・サックスで企業再生にかかわるなどの「インターバル」もありましたし、投資家のキャリアとして最大のコアは、「アジアのウォーレン・バフェット」として名高いCIOが率いる Value Partners Group（香港）でのファンド・マネージャー経験です。

　このように、バイサイドだけでなくセルサイドも経験し、株式市場も債券市場も、つまり金利の分析にも、そしてプライベートエクイティによる企業再生、つまり経営企画や債権実務にも現場でかかわってきましたし、さらに国内・海外両方の現地で運用会社に在籍していましたから、業界内でも稀有な、まさに多角的かつ広域の視野と経験知を獲得する機会に恵まれてきた、これは本当に幸運であったと思います。

　しかし、岐路に立った時には必ず「人生における価値と価格の交換」—ト

レードオフで得る価値と支払う価格の比較─を迫られ、考え抜いて進む道を選択せねばなりませんでした。

　その際の道標は、現在置かれている環境と制約条件、自らの競争優位性、将来の成長可能性、などさまざまですが、これを企業への投資に置き換えても同じことで、確固とした道標と、それを測る基準が必要なのです。

　筆者も、特に最も長い株式運用経験のなかで、さまざまなアプローチを検証・考察し、また実践で試行錯誤もしてきましたが、結果の実証においても圧倒的であり、理論的にも心から納得のいく道標、それこそが「バリュー投資」と、それに欠かせない「企業価値分析」というツールであり、真理でした。

　一方で、バリュー投資は、思い込みや勘違い、さらには表面的な「つまみ食い」によって不当に過小評価されているため、当然ですが、むしろだからこそ、ファンドマネージャーとしては、他者よりも優位なパフォーマンスが「叩き出せる」ことに十分満足してもいました。

　しかしながら、長年にわたって投資の本質を深掘りし続けるうちに、もっと広く社会に価値を提供することで、より多くの人々がより大きな価値を創造するような好循環をつくりだしてみたい、と意識も変わり、思いが強くなってきたのです。

　「Aurea 人生と投資の会」を通じた講座やセミナー、執筆など５年間の活動によって、一貫して伝えてきたことは、まさにバフェットの言葉どおり、「いかなる手間も惜しんではならない。正しい列車に乗りさえすれば、金と痛みを節約することができるのだから」であり、ちまたに溢れる「簡単に」とか、「これだけ」とか、「やさしい」などという謳い文句とは対極の姿勢です。「短期」で「すぐに」できることに高い価値などありません。

　どんなに先行きが不透明な世の中にあっても、揺るぎない価値基準を確立できれば、単に価格を追って振り回されるような投資行動、個人に限らずプロも陥っている平凡なパフォーマンスなどから、必ず脱することができるはずです。本物の知こそが人生を切り拓く勇気に結びつくでしょう。

この本が、皆さんの投資活動、そして人生を豊かにする一助に、そして何より、本質を見定める力をつけ、自らの軸を固める指針となることを心から願っております。

　2021年2月

株式会社 Aurea Lotus

代表取締役／CEO

柳下　裕紀

目　次

第3章　投資家が知るべきファイナンス理論の基本

第4章　M&A による価値創造

第5章　「負けない投資」実践のための思考訓練

〈本書の留意事項〉

①　わかりやすさを優先したために、一部省略・簡略化した表現を用いています。

②　意見に当たる部分は著者個人の見解であり、著者が所属する組織を代表する
　　ものではありません。

③　一般的な知識を説明したものであり、特定の商品・サービスなどの勧誘を目
　　的とするものではありません。

④　本書は執筆時点までの各種情報に基づき執筆されています。

第 1 章

真のバリュー投資と企業価値分析の基礎

1-1 真のバリュー投資の定義／「価値」と「価格」の違い

本書は、皆さんに「バリュー投資と企業価値分析」を理解できるように解説していきます。

これは、2つの別々な概念について説明するという意味ではなく、バリューアプローチによる投資には、必ず企業価値分析が必要ということです。

そもそものバリュー投資は、『賢明なる投資家[1]』の著者であるベンジャミン・グレアムがデビッド・L・ドッドと共著した『証券分析[2]』のなかで次のように提唱したことに始まります。

> 「金融資産には、その基礎となるファンダメンタルな経済価値、証券の本質価値（Intrinsic Value）があり、それは正確に計測することができる。
>
> このバリューと市場価格のギャップを安全性マージン（Margin of Safety）と呼び、一定以上の乖離をとって買い付けるという戦略で、価格が価値に収束する過程で大きなリターンを得ることができる」

このことから Intrinsic Value（本質価値）を追求する投資なのでバリュー投資と呼ばれます。

グレアムも提唱するように、企業の価値を見極め、計測できなければ、「真のバリュー投資」は成り立ちません。そのためには、基本の知識やルールを学ぶ必要があります。

真のバリュー投資の定義は、次の2つに集約されます。

1　ベンジャミン・グレアム『賢明なる投資家―割安株の見つけ方とバリュー投資を成功させる方法　第4版』（パンローリング、2000年）。
2　ベンジャミン・グレアム、デビッド・L・ドッド『証券分析　1934年版』（パンローリング、2002年）。

① 真の価値と支払う価格の乖離＝差異によって "儲ける" 投資
② 時間を味方につける投資

本書であえて「真の」とつけている理由は、世間一般で「割安株投資」と訳されるバリュー投資とは、明らかに異なる概念だからです。

また、定義②の「時間を味方につける」は、一般的なバリュー投資といえば長期投資、というイメージを説明しているにすぎない、と思われるかもしれません。

特にそれは、短期的に、価値が下がることを正当化するための詭弁ではないか、という見方さえあります。

こうした誤解については、後ほど詳しく検証するとして、第1章では最初の定義①に沿って説明します。

「差異によって "儲ける"」ということは、真の価値と価格を常に比較する必要があり、「単に価格が安ければ、もしくは、相場が下がれば買う」という考え方では "儲けられない" ことを意味します。

では、そもそも「価値」とは何でしょうか。「価格」とどう違うのでしょうか。

　　「価値」とは、当該主体が自ら創造するモノ、「価格」とは、その時々
　　で他者が欲する分量によって決まるモノです。

本書で対象にする主体は企業ですから、企業が自ら創造するモノが価値であり、その時々で他者（株主）が欲する分量によって決まるモノは、株価です。

ところが、世間では一般的に、「企業価値＝時価総額＋有利子負債」と説明されることも多いです。

しかし、これは、明らかに間違いで、「価値」ではなく、「（現在の）価格」です。よって、この算式に対する正しい表現は「企業時価」です。

ここは重要な違いですので、正しく認識してください。

各種投資アプローチの要諦を比較して理解する

代表的な投資アプローチと「真のバリュー投資」における違いを比較によって明確にしてみましょう。

用　語 **テクニカル・アプローチ**

値動きや需給、出来高など取引データを使った指標でチャートを作成し、モメンタム（勢い）やトレンドなどによって想定される適正水準や、売買のタイミングを決める方法。

取引データというとおり、「過去」の「株価」の動きをパターン化することで、「将来の株価」が読めるとするものです。

つまり、対象の商品が何であれ、価格のみを対象とするテクニカル・アプローチで売買を行うスタイルは、投機であって投資ではないといえます。「投機だから悪い」と断ずるつもりはありませんが、ただそれは投資とはいえません。

「価値」の裏付けがないために短期になりがちですが、短期か長期かということが、すなわち投機か投資かを決めるわけではありません。

用　語 **ファンダメンタル・アプローチ**

ファンダメンタル志向の投資であり、トップダウンとボトムアップの2種類のアプローチがあります。

トップダウンはマクロ・ファンダメンタル、つまり、経済指標や金利、為替レート、金融・財政政策などをフォローして分析する方法です。

ボトムアップはミクロ・ファンダメンタル、業界の状況や需要見通し、新製品の導入や生産技術の向上、特に個別企業の経営状態、収益、経営陣、ビ

ジネスモデルなどを主にフォローして分析する方法です。

　当然ですが、バリュー投資はミクロ・ファンダメンタルの分析を重視します。

　しかし、真逆といえるテクニカル・アプローチは当然として、ファンダメンタル・アプローチもバリュー投資のアプローチとは明確な違いがあります。むしろ、この違いこそが、バリュー投資の理解につながるといえるでしょう。

　一般的な「いい投資」のイメージは前者止まり、つまり、ファンダメンタル・アプローチでしょう。

　ファンダメンタル・アプローチは、マクロを重視するトップダウンであれ、ミクロを主に分析するボトムアップであれ、それぞれの因数や変数、マクロであれば、金利の上昇下落や為替の水準、さまざまな経済指標の数値レベルなど、一方のミクロであれば、既存店売上高や、個別企業の増収増益・減収減益などの業績数値等、どちらも、それら一つひとつの要素が、どのように、またどの程度の「株価」の変動要因になるか、というアプローチです。

　たとえば、10％増益であれば株価はこの程度上昇するはず、というように、システマティックな「価格の変化」にフォーカスし、「将来の株価」を予想するのです。

　一方、バリュー投資で同じ数字をみた場合、たとえば、金利の変動は、それぞれの対象企業にとって、資金調達環境が変化するということですから、実際の利息の支払額が変わります。ただこれは、単なる支払コストの問題だけではなく、調達資本のコストが変わるので、全体の価値算定にも大きく影響を与えることになります。

　為替の動向であれば、連結決算上、どこにどれだけの影響を与えるか、海外拠点の売上げや輸出事業だけでなく、仕入れを通じて原価も変わります。

　こうしたさまざまな要因と、個々の企業の業績に与えうる影響をすべて精査し、積み上げていった結果として、最終的に投資する企業の「将来の企業価値」がどうなるのかを予想し、算定するために使うだけです。

価値に投資するのですから、株価の動向・変動やタイミングなどを気にすることはありませんし、価格自体を分析・判断の材料にすることもありません。

「価値」の伴わない、単なる「株価」の値上りを期待して儲けようとするアプローチは（たとえファンダメンタル・アプローチであっても）、基本的に投機であり、投資ではないのです。

もう1つ、よくバリュー投資と両極の対とされるのが、グロース（成長株）・アプローチです。

用　語　　グロース（成長株）・アプローチ

当該事業からもたらされる「収益」の成長性が平均を大きく上回る銘柄を追求する方法。

非常にシンプルな定義ですが、採用する投資家によって多種多様なスタイルがあります。

ただ、ミクロ・ファンダメンタル志向、つまり、個別株中心の分析に特化し、将来的な成長を前提として、現時点を「割安」と判断している点では、バリュー投資と共通しています。

特にこの点を重視し、割安グロース株を投資スタイルとして提起している投資家もいるようです。

実は、グロース・アプローチのファンド・マネージャーとして有名なフィリップ・A・フィッシャーの著書『Common Stocks and Uncommon Profits[3]』の裏表紙にバフェットの推薦文が載っていることにも表れているように、バフェットはフィッシャーの説く企業の質的アプローチに影響を受けています。

このエピソードからもわかりますが、古典的なグレアムのバリュー投資と真のバリュー投資は明確に異なります。

---

[3]　Philip A. Fisher『Common Stocks and Uncommon Profits and Other Writings』
（Wiley、1996年）。

6

実際に、グロース・アプローチと真のバリュー投資では、選択する銘柄にあまり違いがないことが多いのです。

　しかし、グロース・アプローチとバリュー投資のアプローチでは、リスクとリターンのとらえ方がかなり異なります。これも、後ほど詳しく説明します。

1—3 本質価値とは──会計上の利益はフィクション、キャッシュ・フローこそ力の源泉

　グレアムが提唱した企業の Intrinsic Value（本質価値）、これこそがバリュー投資家が追求すべき「価値」ですが、では、実際に何を基準にして、どのように算定するのか、そこから明確にしなければなりません。

　では、そもそも何を計測すればよいのでしょうか。つまり、企業にとって価値とは何を指すのでしょうか。

　それは、「キャッシュ・フロー」です。これは大前提として非常に重要です。「利益」ではありません。

　一般的によく知られ、市場で参照されている指標には、PER（株価収益率）、PBR（株価純資産倍率）、EPS（1株当り利益）などがあります。

　しかし、これらの指標は、それぞれ、Price（株価）のPだけでなく、Earnings（会計上の利益）のEや Book-value（会計上の資産）のBが入ることから明らかなように、価値とはまったく無関係な数値を基に計算されているのです。したがって、企業価値分析においては、これらの指標を判断材料に使うことはありません。

　Earnings は企業側の胸先三寸で、合法的な範囲ではあっても、「意図的に」操作できる数字でもあり、誤解をおそれずにいえば、「でっちあげ」の要素が大きい数字でもあります。そのために、本書では「フィクション」と呼んでいます。

　本書で会計と呼ぶのは、一般的な財務会計のことです。会計には2つに大別すると財務会計と管理会計がありますが、「期間損益を計算し、決算書を作成すること」を目的として設計されているのが財務会計です。

　ゴーイングコンサーン（継続企業の原則）の企業における〝絶え間なく連続している時間〟を、人為的に切り取った仮想的なもので、当然、会計上の利益では、従業員に給料も払えません。

　あくまでもキャッシュ（現金）が実際に手に入り、それを経営活動のなか

で回していかなければ、企業を維持していけません。

　そもそも、見積りや判断による加工の要素が大きすぎるため、厳然たる真実の数値から離れてしまいます。

　　「真実の数値」とは、まさにリアルであるキャッシュです。

　　企業が生きていくためにも、キャッシュこそ企業の価値の基準とすべきであり、さらに、それは「フロー」で計測しなければなりません。

　つまり、投資先の企業を選ぶには、キャッシュを生み出す力があるかどうかが最も重要ということです。

　現時点で保有しているキャッシュである「流動資産の現預金」は、価値ではありませんから、ネットネット株[4]などはまったく価値の指針にはならないということです。

●もう一段の深掘り＆余談　　　　　　　　　　　　　　　　　No.1

　たとえば、リンゴを2個100円で仕入れ、そのうちの1個を150円で売ったら、いくら儲かったのかという問いに対して、財務会計の世界では50円と答えます。

　しかし、キャッシュ・フローでは、200円のアウトフローに対して、150円のインフローがあるだけで、50円のマイナスです。

　「在庫」のリンゴは腐ったり傷んだりするリスクもあり、売れ残って廃棄損にもなりうるにもかかわらず、会計上では、将来もいままでどおり売れるという「見積り」で、在庫の価値が損益に影響を与えないように、在庫の評価を原価で据え置くことにしてしまうのです。

　バフェットは、減価償却を無視したEBITDA[5]をナンセンスと切り捨てていますが、リンゴの例だけでもわかるように、特に、在庫を含む運転資本の要素が反映されないバリュエーション（企業価値算定方法）など、信頼に値しません。これは後半で詳述します。

　米国会計基準の設定に多大に貢献し「Dean of Accountancy（会計の

4　「時価総額＜（正味流動資産－負債総額）×66.7％」で計算されるベンジャミン・グレアムが唱えた株式指標。

5　Earnings Before Interest, Taxes, Depreciation and Amortization（利払い前・税引き前・減価償却前利益）。

司)」と呼ばれたプライス・ウォーターハウスのジョージ・オー・メイは、「正しい期間損益計算などというものはできるわけがない」と再三いっていたそうです。

1—4 キャッシュは事実、利益は単なるオピニオン

　利益とキャッシュ・フロー（以下「CF」ともいう）の関係でありがちなのは、会計上の利益は増収増益でも、キャッシュ・フローはマイナスというパターン、「勘定合って銭足らず」の状況です。

　たとえば、ある企業の当期の会計上の数値が、増収増益で次のようになっていたとします。

損益計算書：売上高　　　15,000　経常利益　1,000　当期利益　　600
ＣＦ計算書：営業ＣＦ　▲1,200　投資ＣＦ　▲50　財務ＣＦ　1,300

　ところが、営業 CF はマイナスです。現預金がマイナスにはなりませんから、その分、財務 CF で資金を調達してプラスになっています。

　そこで、貸借対照表（B/S）の借方（資産）をみると、まず、流動資産の比率が総資産の90％以上にもなっていました。

　この場合、短期的な支払能力が高いということですから、一見すると財務体質もよくみえます。ところが、その流動資産の内訳は、半分以上が売掛債権だとしたらどうでしょうか。

　これは「契約していても、現金になっていない」資産ということです。問題は、この債権を回収できるかどうかです。

　売り先の詳細がすべて決算書類に開示されることはありません。もし、この企業の海外売上比率が高く、そのなかでも特に新興国への売上げが多かった場合、この企業は債権回収が可能と自信をもって予想できるでしょうか。

　さらに、B/S の貸方（負債・資本）の側も、流動負債の大部分が買掛債務だとしたらどうでしょうか。この意味するところはつまり、資産も負債も「契約はしているが、現時点でキャッシュの裏付けがない」ということです。

　出入り両方がなければ問題なしとはなりません。なぜなら、これは、買い

先（取り立てられる）側は国内で、売り先（取り立てる）側は遠い海外ということで、もしも契約キャンセルや相手方の不渡りがあった場合、対処に時間とコストを要することが想定されます。

さらには、会計上の利益が増収増益ですから、税金という現金支出が必要であり、そのために財務CFで税金分を調達してプラスになっているのです。

この企業が、予定どおり、売掛債権を回収できれば、営業CFも大幅に向上しますから問題はありません。ただ、それには不透明な部分があるということです。

ここで、「リスクとは何か」を考えてみましょう。

投資やファイナンスの世界では、次のように定義されます。

POINT **リスクの定義**

予想することのできない不確実性

この観点から、この企業は明らかにリスクの高い投資対象であり、キャッシュ・フローでなく利益で判断してしまうと見誤る典型的な例だといえます。

もし増収増益で株価が上昇していれば、なおさら回避すべき投資対象、という判断になるでしょう。

会計がフィクションである理由は、このほかにも数多くありますが、税効果会計（繰延税金資産）等の影響で、特に純利益は大きく左右されます。

つまり、この点においても、当期純利益の原数字をそのまま算定根拠とする指標、PER・EPS等は、信用に値しないことが明らかです。

●もう一段の深掘り＆余談 No.2

米国のジョークに「1＋1はいくらか」と会計士に聞いたときの答えは何かというものがあります。

答えは「いくらをお望みですか」が正解です。

1—5　ファイナンスと会計の違い／そもそも企業とは何か

　「会計上の利益」といったとおり、利益を扱うのは会計です。一方、キャッシュ・フローを扱うのはファイナンスです。

　「調達」「投資」「分配」という企業の事業活動にまつわる資金の流れ、経営者としての意思決定にかかわる財務的な方法論がファイナンス理論と呼ばれ、活動の意思決定すべての目的こそが、企業価値の最大化です。

　企業価値の最大化によって分配が継続的に増大することで必然的にステークホルダー（以下「利害関係者」ともいう）が受け取る価値が大きくなり、好循環が生まれるような WinWin の流れができていくということです。

　会計とファイナンスの違いには、利益かキャッシュ・フローかの「対称軸」だけでなく、「時間軸」もあります。

　会計が扱うのは、あくまでも企業の「過去」の業績です。貸借対照表（B/S）や損益計算書（P/L）、そしてキャッシュ・フロー（CF）計算書も、あくまでも過去の数字です。

　一方で、ファイナンス理論は「未来」の数字を扱います。将来、企業が生み出すキャッシュ・フローがどうなるか、にフォーカスするのです。

　真のバリュー投資では、株主は企業の一部所有者・経営者として、企業活動のファイナンスの部分に、出資というかたちで責任をもちます。それが企業価値のベースとなる、将来フリーキャッシュ・フローの源泉になります。

　つまり、将来性を評価して価値提供を行い、企業の価値増大を側面から支援する立場になることこそが、バリュー投資の本質なのです。

　次の**図表**1は、ファイナンス理論に基づく企業の価値創出の仕組みです。

　企業の周囲に位置する6つの経済主体がステークホルダーで、それぞれの矢印は、企業とステークホルダー間の「価値交換」を表します。

　矢印のやりとりは、生み出されたキャッシュで行われ、企業はその事業活動で価値を創造し、長期的に増大させ、公平公正に分配し続ける義務があり

図表1　企業の価値創造の仕組み

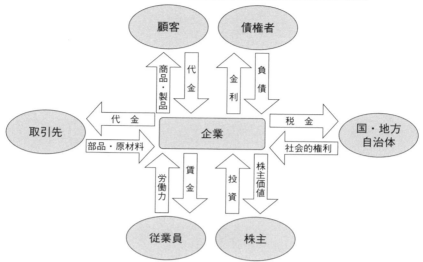

ます。さらに分配された価値を受け取った各ステークホルダーが、さらに複数の経済主体にかかわっていく経路を通じて社会に広がり、その価値が活かされていくのです。

　現実の経済における価値の交換は、無数の主体の間で行われます。その取引の数も膨大です。

　企業は、それぞれに公平公正な交換をしない限り、価値を増大させることができません。

　なぜなら、1－3で説明したとおり、企業には、ゴーイングコンサーン（継続企業の原則）があるからです。

　東インド会社の時代のように、一度の航海による儲けを分け合って解散、とはいかないのです。一度で稼いで終わりならば、なるべく自分の取り分を大きくしようとするでしょうし、決まった大きさのパイをどう分配するかの議論となりますが、現在の経営や経済というものはそうではありません。

短期志向の投資家（投機家）のプレッシャーに負け、無理に株主偏重の分配をすれば、矢印の一部だけが肥大化し、他のステークホルダーにしわ寄せされてバランスを失うことで、長期的な価値向上が犠牲になるようなシステム、それが企業です。この事実は、まったく「綺麗ごと」などではありません。

　取引先や従業員を搾取すれば、それぞれ、納入部品や原材料、提供する労働力の質が落ち、中長期で確実に最終製品・商品・サービスの質が落ちていきます。

　それによって顧客によいプロダクトを提供できなければ、信用や顧客ロイヤリティが下がり、売上げが落ちていきます。

　それによって税金を払えなくなれば、国の財政が悪化し、経営活動の基盤であるインフラが劣化していきます。

　このような悪循環によって、中長期では必然的に企業価値を毀損していくだけなのです。

　「企業価値増大」という経営の意思決定の目的に沿えば、必然的にホワイト企業にならざるをえないのであり、その逆では決してありえないことが明確にわかるはずです。

　CSR（Corporate Social Responsibility：企業の社会的責任）やCSV（Creating Shared Value：企業の共通価値）を声高に叫ぶ前に、さらにはSDGsやESGを投資テーマに掲げる前に、まず本業で価値を創造し、ステークホルダーへ公平公正に分配しながら増大させる、それこそが企業のレゾンデートル（存在意義）であり、本質であることをあらためて確認すべきです。

●もう一段の深掘り＆余談 ────────── No.3

　前述した搾取という表現は、やや過激に聞こえるかもしれません。

　しかし、たとえば、過度な値引要請のようにわかりやすいものでなくとも、通常の「受注生産」において、直前になるまで、取引先に確定した数量の内示もせず、十分な製造リードタイムも与えず、企業側がうつろいやすい

需要の変動に応じて、計画を頻繁に変えてしまうために、下請けのサプライヤーが納入量もタイミングも決められない状況が常態化している例は、非常に多く見受けられます。

　その場合、サプライヤー側は受注生産にもかかわらず、見込生産のような対応にならざるをえず、大抵見込みを立ててつくり貯めをします。これが顧客仕様品であれば他への転売もきかず、見込みが外れれば在庫を抱えさせられてしまうのです。

　まさにトヨタ生産方式でいうところの、絶対にやってはいけない「つくりすぎのムダ」を、知らないうちに下請けに強制している構図であり、これは回り回って最終的に企業側のコストとなります。

1-6 過去のお金の流れをみる キャッシュ・フロー計算書

1-5で説明したとおり、決算のために作成される財務諸表はすべて、「時間軸」では「過去」の数字ですから、企業価値算定には使用できません。

しかし、キャッシュ・フロー（CF）計算書は、財務諸表のなかで唯一、「対称軸」が「利益」ではなく「キャッシュ・フロー」であるため、当該企業の過去のお金の流れを確認することができます。

まず営業CF（**図表2参照**）で、企業がどれだけキャッシュを生み出せているのかを確認します。これがプラスでなければ、そもそも本業で儲かっていないということで、経営上の問題を抱えている可能性があるので注意せねばなりません。

本業というとおり、たとえば営業外費用として損益計算書（P/L）では差し引かれる支払利息や為替差損、これらは本業とは関係がないため、営業CFではプラス項目として足し戻されています。逆に為替差益ならばキャッシュ・フローではマイナスになります。

同じく特別損失としてP/Lで差し引かれている固定資産除売却損は、営業CFでは足し戻されます。あくまでも本業で稼げているキャッシュを確認するのです。

スタートアップのベンチャーや、事業リスクが大きい会社が一時的にマイナスに陥ることはありえますが、その期間がどれくらいかも含めて確認する必要があります。

次の投資CFでは、何に、いくら投資しているか、将来のリターンに結びつけるための現在の投資が確認できます。

たとえば、営業CFの減価償却費と設備投資額を比較して、同時期の同業他社との比較をすれば、当該企業が独自の戦略を展開するかもしれないことや、いまの姿勢が攻めなのか守りなのかを推察することもできます。

同じく、創業間もない新興企業であれば、投資が先行して営業CFを上回

図表2　キャッシュ・フロー計算書ひな型

営業活動によるキャッシュ・フロー
税金等調整前当期純利益
減価償却費
引当金増減合計
退職給付に係る負債の増減額
受取利息および受取配当金
支払利息
為替差損益
固定資産除売却損
売上債権増減額
棚卸資産増減額
仕入債務増減額
その他流動資産増減額
その他流動負債増減額
その他
小計
利息および配当金の受取額
利息の支払額
法人税等の支払額
法人税等の還付額
営業活動によるキャッシュ・フロー （総計）

投資活動によるキャッシュ・フロー
有形固定資産の売却および取得
無形固定資産の取得による支出
その他
投資活動によるキャッシュ・フロー （総計）
財務活動によるキャッシュ・フロー
自己株式の取得による支出
配当金の支払額
財務活動によるキャッシュ・フロー （総計）
現金および現金同等物に係る換算差額
現金および現金同等物の増減額
現金および現金同等物の期首残高
現金および現金同等物の期末残高

（出所）　筆者作成

ることもありえますが、そうでなければ過剰な設備投資、もしくは価値創造に結びつけられていない等の判断ができます。

　この「設備投資に見合った価値創造力」を判断するシンプルな目安として、投資 CF に対する営業 CF の比率（営業 CF ÷ 投資 CF[6]）が100％以上になっているかどうかを確認する作業を行いますが、これも単年度では判断で

きませんから、やはり複数年、できれば10年程度は最低でもさかのぼり、推移を確認する必要があります。

最後の財務CFによって、「銭足らず」の補てんなど、キャッシュの過不足の状況や資金の調達方法、財務政策をおおまかに把握することができます。

まずは、財務活動によるキャッシュ・フローがプラスかマイナスかをみます。プラスであれば、必要な資金が不足したため、新たに調達したことになり、マイナスであれば、経営上必要なキャッシュを稼ぎ出しており、さらに、配当や自社株買いなどによる株主への還元や、有利子負債の返済が行われたことがわかります。

資金調達方法が銀行からの借入れなのか、社債発行なのか、株式発行なのかということも財務CFで確認できます。この調達方針は資本コストにも影響しますから重要です。

こうして丁寧にチェックすると、会計による「でっち上げ」の要素も、"だいたいのところ"はキャッシュ・フローで確認がとれます。ほかにも、掛けで期がずれている分や、実際の出入りがない非現金支出の金額も確認できます。「キャッシュは嘘をつかない」といわれるゆえんです。

最終的なバリュー算定の作業に入る前の投資判断で、過去にキャッシュ・フロー創出が継続的にできている企業なのか、後述するROIC（Return on Invested Capital：投下資本利益率）とともに、事前にチェックしておくことで手間も省け、企業の実態を見誤ることが少なくなります。

●もう一段の深掘り＆余談 ──────────────── No.4

　複数期でみなければならない理由は、損益とキャッシュの間には「引力」が存在するからです。
　減価償却などのように、財務会計ではキャッシュの動きを他の期間へずらすことが多く、短期でみるとキャッシュと損益が離れていても、長期では、

6　符号はプラスに転換。

経営者のオピニオンによる「創造的会計」が是正される引力が働くのです。
これは原価における「在庫偽装」（後述）でも同様です。

1−7　本業で儲ける能力、資本の効率性を確認する ROIC（投下資本利益率）

　数年前には『ROIC 経営[7]』という本も出版されるなど、かなり浸透してきた指標ではありますが、まだ一般的に認知度が高いのは ROE（Return On Equity：自己資本利益率）や ROA（Return On Assets：総資産利益率）のほうでしょう。ROE や ROA も資本の効率性をみる数字ではありますが、ただし、やはり最終的な企業価値判断には使えません。ROE の計算式は次のようになります。

計算式　ROE（自己資本利益率）

ROE＝税引き後当期純利益÷株主資本[8]

　つまり ROE は、企業が株主から調達した資金を、いかに効率的に使っているかを表す指標です。

　株主資本を「自己」資本と呼ぶのは、実態に反する名称だとは思いますが、対になる「他人」資本は、返す必要のある銀行からの借入金や社債、債権者から調達した資本です。

　つまり ROE の分母には他人資本が含まれないため、借金が多い企業は分母が小さくなることで、必然的に ROE が大きくなります。これも ROE の問題点ではありますが、ただし、誤解してはいけないのが、短絡的に「借金が多いからダメ」ではないことです。

　企業の資金調達として借金（Debt）は最も資本コストが低く、優位性の高い手段ですから、むしろ日本企業は、無借金などをありがたがらずに、積極

7　KPMG FAS、あずさ監査法人『ROIC 経営 稼ぐ力の創造と戦略的対話』（日本経済新聞出版、2017年）。
8　正しい計算式は、「親会社株主に帰属する当期純利益÷（純資産の部合計−新株予約権−非支配株主持分）」となる。

的に使うべきといえます。

　しかし、資金調達をどのようにすべきか、という根本的な議論こそが企業の経営戦略の肝であり、経営陣にとって腕のみせどころでもありますから、各企業のビジネスモデル（事業リスクの大小）によって、そして企業がいまどのステージにいるか（成長期なのか、成熟期なのか）という事業サイクルによって、緻密な調整や変更が欠かせません。

　つまり、借金を多くすべきか、株式の比率を多くすべきか、という資金調達の命題は経営判断として非常に重要なポイントなのです。

　そうした経営の巧拙を評価すべき重要なポイントを飛び越えたところで、単に ROE の数字が高いか低いかを論じることは問題があり、企業価値を見誤ることにもなりかねません。

　そして、基本的に株主の拠出金が分母であることから、整合的な分子として当期純利益（株主資本を増やす源泉）を使いますが、これは本業とは無関係の、一時的な利益や損失である特別損益の額に影響を受けます。本業で継続的に稼ぐ力をみるには不適当、ということです。

　もちろん、分子・分母の整合性の観点から、特別損益を控除して算定することは間違いです。

　もう 1 つの ROA の計算式は、次のようになります。

計　算　式　　ROA（総資産利益率）

ROA＝事業利益 ÷ 総資産
　　　　　　↓
　　　営業利益＋金融収益（受取利息・配当金・有価証券利息等）

　分母の総資産は、企業が保有するすべての資産、総資本と同じで、調達サイドからみると、「総負債＋純資産」、つまり、金融活動も本業も全部あわせた企業の活動全体を表します。

　まずここで、分子が金利変動という外部要因、つまり ROE における特益特損の議論と同じく、企業自体の本業の競争力、価値創出能力に無関係な要

素に影響される問題点があることに気づきます。

さらには、この全事業活動を包括する分母と完全にあわせるためには、分子の利益のなかに、銀行などの債権者からの負債だけでなく、買掛金や支払手形など、事業上の負債も含む必要があるはずです。

しかし、ここには買掛金や支払手形などの負債債権者に帰属する利益が入っていませんので、完全に整合するとはいえません。では、どの利益をもってくればよいかといえば、財務諸表内には存在しないのです。

その観点から、指標としての有益性にも、やや疑義があるといわざるをえません。そもそも概念が広すぎるため、指標自体の有効性も、あまり高いとはいえません。

そこで、いちばん企業価値判定に適した指標 ROIC をあらためて検証すると、その計算式は、次のようになります。

計 算 式 ▶ **ROIC（投下資本利益率）**

ROIC＝税引き後営業利益（NOPAT[9]）÷投下資本

そして、投下資本とは、運用側からみた場合、次のようになります。

計 算 式 ▶ **運用側からみた投下資本**

運用側からみた投下資本
＝固定資産＋正味（調整後）運転資本（流動資産－流動負債）

これを調達サイドからみると、**図表3**のとおり、有利子負債と株主資本のみです。

ROIC は、すべての資金提供者（株主と債権者）から調達した資金のうち、どれだけが事業活動に投下され、その投下資本に対し、どのくらい効率的に利益を生み出したのかをみている、つまり、いかに基本の事業をうまく遂行

9　Net Operating Profit After Tax.

図表3　投下資本の考え方

流動資産	流動負債	有利子負債
	運転資本	
固定資産・投資その他	固定資産・投資その他	株主資本

| 運用サイド | 投下資本＝固定資産・投資その他＋正味運転資本 |
| 調達サイド | 投下資本＝有利子負債＋株主資本（少数株主持分を含む） |

（出所）　筆者作成

できたかを示す指標ですから、企業価値を最も正しく表すといえます。

　このROICから、調達のコストである資本コストを差し引いたスプレッド
を現在価値に割り戻した数字が企業価値に相当します。

　最終的な投資判断のためには、将来価値をDCF法（Discounted Cash
Flow：割引キャッシュ・フロー法）で算定する必要がありますが、予測値をつ
くるためには定性定量両面からさまざまな要因を検討していかねばなりませ
ん。しかし、その過程で、本質がみえにくくなることも多々あるでしょう。

　そこで、当該企業が、そもそも投資の検討に値する、それだけ徹底した分
析評価の労力に見合う価値があるかどうかを見極めるための、最も重要な道
標こそが、ROICと資本コストだといえます。まずは、本業で価値を創造し
ているか否かを最初に確認すべきなのです。

　ROICの水準とキャッシュ・フローの成長性を確認した後で行った企業価
値評価モデルによる予測が、実際の能力や業界の競争環境に照らして妥当な
ものか、根本に立ち戻って判断する基準にもなります。

　この「ROIC－資本コスト」のスプレッドに、投下資本総額をかけた数字
をEVA（Economic Value Added：経済的付加価値）と呼びますが、これは当
該年度の1年間に稼いだエコノミックプロフィットの金額です。

EVA＝（ROIC－資本コスト）×投下資本総額

　つまり、その年に生み出した株主価値に相当するので、理論的には、その年の時価総額の上昇分に合致するはずです。

　当然ながら、市場の短期的なボラティリティがありますから、同年中に株価の上昇として顕在化しなくとも、中長期では、毎年積み上げてきた合計分に相当する価値に収斂していきます。

　これは、結果的に、企業価値を継続的に増大させる企業を長期で保有する、放っておけばおくほど、キャピタルゲインを稼げることを意味します。

●もう一段の深掘り＆余談　No.5

　ある非常に優良な経営で知られる上場企業も ROIC を発表しているのですが、残念なことに計算式が間違っています。

　同社が使っている分母の投下資本は、「純資産＋有利子負債－現預金」です。つまり調達サイドの投下資本を使っているのですが、**図表3**にあるとおり、正しくは、「有利子負債＋株主資本」です。

　純資産は、株主資本にその他の包括利益累計額や新株予約権などを加えた数字なので、要するに、その会社が保有する（本業に無関係な）証券などの含み損を加え、さらに、運用サイドにかかわる現預金（控除してはいけない）を差し引いてしまっているのです。

　同社は収益力の高い優良企業であるため、現預金が潤沢で、手元流動性は常に8～9カ月分にもなっています。しかしこれは、調達した資本を、次の成長につなげるための適切な投資に投下せずに留保しているということですから、資本効率の観点からはマイナスです。

　まさに ROIC が測ろうとしているのは、その資本運用の巧拙であるにもかかわらず、その最も重要な部分を「なかったこと」にして、資金の非効率から目を背けるような計算式は「おためごかし」と称されても仕方がないのではないでしょうか。

企業価値に最大の影響を与える 資本コスト

　資本コストは、投資家（債権者と株主）が、自分たちが投資した見返りとして要求する収益率です。企業側からすれば、投資家に支払うべきコストです。

　1－7のEVAで確認したとおり、これが高くなれば、生み出される価値は少なくなってしまいます。

　特に短期志向の投機家が一気に高いリターンを要求すると、価値が毀損されることは、**図表1**の企業システムにおける価値交換の図でも確認したとおりです。

　長期的かつ安定的に価値を創出する企業にとってベストな経営を行うためにも、支援してもらう株主を、企業自らの発信（IR）によって能動的に選ぶように行動せねばならない理由です。

　資本コストの定義とは、銀行や社債等の金利コストと株主から要求される収益率からみて、「調達」と「分配」にかかわるレートであり、それゆえに、調達して投下する事業から生み出される場合は、それ以上の収益率でなければならない、だから事業が将来生み出すフリーキャッシュ・フローを現在価値に割り戻す際の「割引率」になり、事業から回収すべき「ハードルレート」である、という4つの側面があります。

　「調達」と「分配」については、銀行の融資や債券には利息を支払いますので、それ以上のキャッシュ・フローを稼がなければ、価値が生まれないのはわかりやすいでしょう。同様に、株主にも出資してくれた分に対するコストを払わなければなりません。それが配当やキャピタルゲインです。

　調達した資本を事業へ投下して稼ぎ出す予想利益は、その調達コスト以上に儲かるかどうかの判断基準になり、「割引率」と「ハードルレート」として事業が越えなければならないレートになるということです。

　具体的に支払うべきコストですが、債権者への利息（有利子負債コスト）

は明確に契約で決まっています。しかし、株主資本コスト（株主から要求される収益率）はどう算定すべきなのでしょうか。

実は、このための方法に、完全な正解は存在しません。ですから、できうる限り「妥当な」数字をひねり出すしかないのです。

その「妥当な」「確からしい」数字を算出するためには、前提として知っておかねばならないポイントがあります。それは、負債資本コストと株主資本コストでは、どちらのリスクが高いのか、ということです。

ファイナンスでは、「投資家はリスクが高くなればなるほど、高いリターンを求める」という原則があります。換言すると、「負債の提供者である債権者と、株主資本の提供者である株主とでは、どちらが高いリスクをとっているのか」という問いになります。

ここで、損益計算書で、企業の収益（売上げ）が、どのように配分されていくのかを確認してみましょう。

POINT　　損益計算書における企業の収益（売上げ）配分

売上高＝消費者・顧客に製品・商品・サービスという価値を提供し、
　　　　その代金を受け取る

➡売上原価＝製品・商品・サービスにかかわる原材料費などの仕入分の
　　　　代金を取引先に支払う＆直接部門の人件費を従業員に支払う

➡販管費＝人件費（間接部門）を従業員に支払う　　※営業利益

➡営業外費用＝社債や借入金の元本や利息を債権者に支払う

➡税金＝法人税・地方税を国・自治体に支払う　　※当期純利益

➡残余利益から配当などを株主に支払う

収益の配分を受ける順番は、株主がいちばん最後です。企業が赤字になれば無配になり、業績悪化を反映して株価が下がればキャピタルゲインは目減りします。

つまり、株主への収益の分配は最後で、損失は真っ先に影響する位置にいますから、いちばん高いリスクをとっているステークホルダーは株主、とい

うことになります。必然的に要求リターンも高くなる、これは「株主資本コストのほうが有利子負債コストより高い」ということです。

　完全に正しい算定方法はないといいましたが、一般的には、株主資本コストの計算にはCAPM（Capital Asset Pricing Model：資本資産評価モデル）という方法が使われます。計算式は、次のようになります。

計　算　式　　CAPM（資本資産評価モデル）

CAPM＝リスクフリーレート＋β（ベータ）
　　　　×（マーケットの期待収益率－リスクフリーレート）

　「マーケットの期待収益率」から「リスクフリーレート」を差し引いた数値をマーケットリスクプレミアムといいます。

　まずリスクフリーレートとは何でしょうか。これは、「どんなものに投資しても、最低この程度は利回りがあるはず（ないと困る）」という水準であり、これまでは一般的に無リスクとされる長期国債の利回りが使われてきました。

　しかし、近年ではマイナス金利が常態化するほどの低金利時代になりましたので、ここをどう考えるべきか、という議論も起きています。

　基本的な考え方としては、最低限であれ、リスクをとって投資をする、つまり、「財布を開き、キャッシュを投じる」行為に対し、そのリスクに見合ったプレミアムが払われるべきところを、逆にペナルティを与えるというのは明確に異常な状態といえますから、投資基準としては適当ではないと判断されるべきです。

　そのため、長期金利の代替となる妥当なレートを探す場合は、次のような長期金利の定義を考慮すべきです。

POINT　　長期金利の定義

潜在成長率＋予想インフレ率＋財政のリスクプレミアム

こうした判断から、筆者は2020年7月現在、0.5〜1％を使っていますが、たとえば調達資本の国籍の分散度合いによっては、海外の金利を参照したほうがよいとの意見もあるでしょう。

　では、次の β（ベータ）とは何でしょうか。「個別株式がマーケットのリスクにどの程度影響されるか」を表す指標で、市場全体（インデックス）に対し、個別株式の動きが、どの程度連動しているかを表します。

　簡単にいえば、次のようになります。

POINT　β の意味

β ＝1.0の企業は、インデックスと同等の価格変動履歴

β ＞1.0の企業は、インデックスより大きな価格変動履歴

β ＜1.0の企業は、インデックスより小さな価格変動履歴

　エクセルで β を算出する場合は、たとえば、過去5年の当該企業の株価の終値を月次ベースで調べ、そのデータを貼り付けます。同様に同期間のTOPIX のデータを貼り付け、どちらも各数値の前月比上昇率を計算します。そして、その計算したすべてのデータを LINEST 関数で算定するわけです。LINEST は、2変数の相関関係で傾きを計算する関数です。

　ただ、ここに関しては、"それほど重要ではありません"から、わざわざこのような計算をする必要はなく、個別銘柄のヒストリカルベータを提供している金融系のサイト（株マップなど）を利用してかまいません。しかし、何を意味しているのか、ということは理解しておくべきです。

　この β は、当該銘柄が、TOPIX が上昇または下落したときに、どう動くのかを数値化したものです。

　たとえば、市場が10％伸びたときに20％伸びる銘柄であれば、β は2になり、市場が10％伸びたときに5％だけ伸びる銘柄であれば、β は0.5になる、β がマイナスということは、市場がプラスに伸びているときにマイナス成長、を意味します。

　当然ですが、β の算出をする際、どの程度過去までさかのぼって計算する

のか、どの程度の期間を、どのタイミングで選択するか、によって、大きく数字が変わってしまいます。その期間に大きなイベント、たとえばリーマンショック等が入っているか否か、の影響も甚大になります。

つまり、このような信用できない"イイカゲンな"数字が、現在価値算定においては最も感度が高く、影響の大きな因数になってしまうのです。

この問題に対し、金融機関でよく使われる Barra や Factset などのベンダーには、株価変動以外の要因も加味した β 算出を試み、オリジナルの改良をウリにしているシステムもいくつかありますが、こうした「努力」には、ほとんど何の意味もないでしょう。

バフェットがいうところの「やる意味のないことをうまくやれても意味がない」という話なのです。

バフェットは、『Warren Buffet's Letter to Shareholders[10]』のなかでも、ベータについて次のように語っています。

> 「彼らはデータベースや統計学の知識を駆使して、株式の過去の相対的なボラティリティを示す『β』値を正確にはじき出し、その結果を基に不可解なる投資理論や資本配分理論を打ちたてています。

> しかし、リスク算定のために単一の統計にこだわるあまり、彼らは基本原則を忘れてしまっています。それは、絶対的に間違えるよりは、およそ正しいほうがよい、ということです」

では、CAPM 計算式の最後にあるマーケットリスクプレミアム（マーケットの期待収益率－リスクフリーレート）とは何でしょうか。

一言でいえば、マーケット全体の期待収益率を基にした超過収益のことで、これも、通常過去のインデックスの推移から、10年程度の移動平均で求めます。一般的に、日本市場は 5 ～ 6 ％前後が平均とされています。

機関投資家は、イボットソン・アソシエイツなどの情報ベンダーから購入することができますが、最近、『Narrative and Numbers[11]』の著者で、

10　BERKSHIRE HATHAWAY INC. 『SHAREHOLDER LETTERS』.

11　Aswath Damodaran 『Narrative and Numbers: The Value of Stories in Business』（Columbia Business School Publishing、2017年）。

ニューヨーク大学のアスワス・ダモダランが、自動計算できるデータベースを一般に無料開放しています。直近の日本の数字は6.5%です。

　要するに、リスクフリーの資産に対して、投資家がそのマーケットを選ぶというリスクをとることで得られる超過収益、見返りという意味です。

　以上の数字を、次の計算式に入れ、株主資本コストを計算するやり方がCAPMなのです。

　あらためて計算式を示します。

計 算 式　　CAPM（資本資産評価モデル）

　CAPM＝リスクフリーレート＋β×マーケットリスクプレミアム

　この計算式を**図表4**のグラフでみると、より深く「何を意味するか」が理解できるでしょう。

　横軸が β、縦軸が株主の要求期待収益率、すなわち株主資本コストです。リスクフリーレートは、無リスク資産に投資した場合、「最低でもこれだけはほしい」という機会費用と同義です。

　マーケットリスクプレミアムは、リスクフリーレートよりもリスクをとっ

図表4　CAPM とは

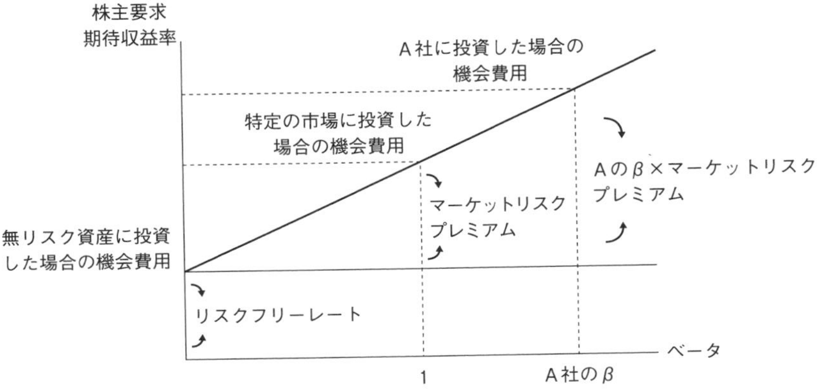

（出所）　筆者作成

て、特定の市場、日本や米国に投資をした場合、「最低でもこれだけの超過収益はほしい」という機会費用です。

　そしていちばん右が、ある企業Aに、個別企業リスクをとって投資した場合、そのβ、つまり特定の市場との相関関係をかけあわせた傾き分が、「最低でもこれだけの超過収益はほしい」という機会費用になる、当該銘柄Aの株主資本コストになることを意味しています。

　最終的な資本コストは、この株主資本コストと、金利である負債資本コストを加重平均したWACC（Weighted Average Cost of Capital：加重平均資本コスト）ですから、調達した金額＝有利子負債（総額）＋株主資本（株価×発行済株式数）のうち、それぞれのウェイトに、前者は負債コストである利息、後者は株主資本コストをかけて足し合わせればよいのです。なお、負債コストには、節税効果が働きます。

計 算 式　WACC（加重平均資本コスト）

WACC＝{負債コスト×(1－実効税率)}
　　　×{有利子負債÷(株主資本＋有利子負債)}
　　　＋株主資本コスト×{株主資本÷(株主資本＋有利子負債)}

例 題　WACC（加重平均資本コスト）

　たとえば、ある企業の株主資本コストが10％で、負債コストが５％、株主資本が50億円で、有利子負債が５億円、そして実効税率を40％とします。

WACC＝{５％×(1－40％)×(５億円÷(50億円＋５億円))}
　　　＋{10％×{50億円÷(50億円＋５億円)}}
　　　＝9.36％

　つまり、この企業は9.36％以上のROICがなければ、企業価値を創出できないということです。

さて一通り理解したところですが、βの箇所で触れたとおり、CAPMには、明らかに問題があることについて、あらためて説明します。

　CAPMの算定方法は、データの抽出期間やタイミングによるイイカゲンさ、だけでなく、根本的に「そもそもファンダメンタル分析であるはずの企業価値評価を行う際、価格変動リスクというテクニカルファクターを使っている」問題をはらんでおり、これは個別株に対するβだけでなく、インデックスという価格変動を使うマーケットリスクプレミアムも同様です。

　しかも、すべての株主の期待収益率を十把一絡げに扱う、というアプローチ自体、理論的におかしな話です。

　最初の議論に立ち返れば、株価は価格であり、価値ではないので、価値算定を行うのに、価格変動リスクを持ち出すのは、根本的に整合性がとれていません。では、どう考えるべきなのか。

　これについても、再度バフェットの『Warren Buffet's Letter』から引用すれば、

　　　「純粋なるベータ値の信奉者は、リスクの計算にあたり、企業が何を製造し、そのライバル企業が何をし、またどれくらいの借入金があるのかなどを調査することなどには意味を見出さないでしょう。企業名さえも知ろうとしないかもしれません。

　　　彼らにとって大切なのは、その株式の価格の過去データなのです。彼らとは対照的に、私は過去データなど気にかけません。そのかわり、企業の事業内容をよりいっそう理解するために役立つ、すべての情報を集めたいと考えます」

　中長期を鑑みたバリュー投資の場合、個々が想定している期待収益率がありますから、「この銘柄（企業）は価値創造力が高いから、この程度の収益率はもたらしてくれるはずだ」という判断（期待）に沿って個別銘柄を選んでいるはずです。

　あるいは、多数の要因を分析して、検討を進めるプロセスにおいて、その銘柄に期待できる収益率の水準が、おのずとわかるはずです。

　「企業の事業内容をよりいっそう理解するために役立つ、すべての情報」

を徹底的に分析した結果をベースに、当該銘柄にリスクをとって投資をしたときに、期待できるプレミアムがいちばんよくわかるのは、ほかのだれでもなく、分析した本人ですから、その水準を最適な期待収益率（その銘柄の機会費用）ととらえ、資本コスト（将来キャッシュ・フロー割引率）とすればよいのです。

　実は、このプロセスが何よりも重要であり、それこそが、まさに1－9で説明するDCFの優位性を表しています。

　もちろん、WACCも必ず算定はしますが、その数字は、不適切な前提がベースになっており、企業価値を算出するうえでは、常に妥当と考えるリスク認識を独自で設定しておくほうが重要であると理解すべきです。

　それこそが、投資家に「おおむね正しいほうが、正確に間違うよりは勝っている」という結果をもたらすはずです。

●もう一段の深掘り＆余談 ─────────── No.6

　筆者が主宰運営している「Aurea 人生と投資の会II」卒業生サロンでは、独自で「確からしい」オリジナル株主資本コストを作成、分析作業において参照しています。

　株主資本コストが表すものは、当該企業株主の「期待収益」と「リスク」であることから、最も整合性が高い「ROE」と「標準偏差」を当てはめた計算式で目安を確認してもらえるように提案したものです。

　また、リスクコントロールを考える場合、一般的なアセットアロケーションにおいては、それぞれの資産で期待リターンを積み上げ、資産に対するリスクを平均分散させるアプローチをとります（ミーンバリアンス）。この考え方は、個別銘柄でポートフォリオを組む場合にも応用はできるでしょう。

　しかし、10年以上、あるいは永久保有前提で組入銘柄の選択をする場合には、あまり意味がないといえます。

　真のバリュー投資を理解するためには、企業価値算定における何段階ものプロセスを経ることで、当該企業のリスクとリターンの妥当な範囲がおのずと認識されうること、安易に答えを求めないことこそが、リスクの低減につながると肝に銘じてください。

DCF の優位性は分析の過程を通じた企業の理解にあり

　真のバリュー投資は、ファイナンスが対象とする「将来の成長性のバリューをみる」投資です。ROIC や CF 計算書などで数字をチェックし、当該企業の特性や価値創出能力を確認したうえで、

　「企業価値は、その企業が将来生み出すことのできるキャッシュ・フローの現在価値の合計に等しい」

と定義される価値算定方法、DCF 法で、実際の企業価値を算出します。

　この「企業が将来生み出すことのできるキャッシュ・フロー（価値の元）」になるのは、フリーキャッシュ・フローです。計算式は次のようになります。

計 算 式　FCF（フリーキャッシュ・フロー）

FCF＝税引き後営業利益（NOPAT）＋非現金支出－運転資本の増減額
　　　　－投資額

　　　　　　　　実際にはキャッシュの出入りがない
　　　　　　　　勘定科目（減価償却費、引当金など）

　　　　　　　　　　　（売掛債権＋棚卸資産－買掛債権）の前期からの増減分

　非現金支出とは、減価償却費や引当金など、会計のルールにより、帳簿上は控除されているが、実際にはキャッシュの出入りがない勘定科目です。運転資本の増減額は、一般的な製造業や小売業などの場合、「売掛債権＋棚卸資産－買掛債権」と定義されます。

　よって、このフリーキャッシュ・フロー計算式が意味しているのは、「本業で儲けたお金から税金を払い、実際には払っていないが、帳簿上控除されている非現金支出を足し戻し、事業を継続していくために必要な運転資金の増加分を差し引き、事業の投資に使った金額を引いた残り」です。

　では、同じく定義にある現在価値とはどういうことか、それが、ファイナ

ンスの時間軸に関係する部分です。

　現在手元にある100万円と、将来もらう100万円では価値が違います。簡単にいえば、「明日のお金＜今日のお金」です。5年後に100万円もらえるとしても、いまは100万円の価値がなく、基本的にキャッシュの価値は、未来になればなるほど小さくなっていきます。

　たとえば、年利5％とすると、今日の100万円は、1年後には105万円です。それは、1年間の時間価値が5万円加わったということですから、いまもっている100万円は、1年後にもらえる100万円よりも5万円価値が大きいということです。

　時間価値があるということは、キャッシュはできるだけ早く受け取ったほうが利息を稼げます。

　当然、キャッシュを支払う場合は、その逆です。できるだけ遅くしたほうが有利なのです。このように、同じ金額であっても、時間軸が異なるキャッシュを比較する場合は、時間価値を調整する必要があります。

　ここでも、マイナス金利が問題では、と思うかもしれませんが、この利回りは、特に企業の場合、事業利回りを指しますので、1年間5％のリターンが稼げる事業を行う、という意味になります。

　そして、将来のキャッシュが現在のいくらに相当するかをみるには、利率（受け取る側の収入と支払う側のコスト）で割り引いて計算します。

　いまの100万円に1.05（年利5％）をかけた105万円が将来価値、逆に1年後の105万円の現在価値を求めるには、105万円を1.05で割って100万円です。

　これが現在価値に割り戻すということで、企業価値算定において、将来価値から現在価値に換算するときの割引率に資本コストを使うのです。

　5年先のキャッシュ・フローを現在価値に割り戻す場合は、（1＋割引率）の5のべき乗、エクセルの入力では、（1＋割引率)^5　です。

　100万円を5％で5年間運用した場合の将来価値は、$100 \times (1 + 0.05)^5 =$約128万円です。

　そして、この現在価値と将来価値の考え方を根本に、金融商品の価格を計算できるとする算定方法がDCFです。

要するに、将来フリーキャッシュ・フロー（投資家に帰属するキャッシュ・フロー）と、その割引率（＝投資家の期待収益率＝企業の資本コスト）という2つの因数によって、現在価値を割り出す方法です。

DCF法の手順は次のようになります。

POINT　DCF法の手順

① 資本コストを計算する

② フリーキャッシュ・フローの予測をつくる

③ 継続価値を求める

④ フリーキャッシュ・フローと継続価値を、資本コストで現在価値に割り戻し、事業価値を求める

⑤ 土地や建物などの遊休資産を時価評価し、非事業価値を求める

⑥ 事業価値(④)に、非事業価値(⑤)を加えて企業価値を計算する

⑦ 企業価値から負債額を控除して株式価値を求める

⑧ 株式価値(⑦)を発行済株式総数で割り、理論株価を計算する

　DCF法を使う場合の最もよく聞かれる批判は、「フリーキャッシュ・フローの正確な予測はむずかしい」というものでしょう。

　さらには、（算出方法に正解がないといっているにもかかわらず）割引率の感応度が非常に高い、そして、新興企業のように、将来業績が不透明で予測しにくい対象の場合は使い物にならない、等の指摘もあります。これらは基本的にそのとおりです。

　しかし、そもそも「未来を予測する」行為を、正確無比に行うことなど、少なくとも人間には不可能であり、そんな方法はこの世に存在しません。

　そして、われわれ投資家にとっては、正確無比な理論株価を算出することには、あまり意味がありません。クイズの正解を求めているわけではないのですから。

　さらにいえば、将来価値算定方法として、DCF法以上に合理的な方法は存在しません。

まず何より、DCF法は、利益ではなく、フリーキャッシュ・フローを最大の因数にしていること、さらに、予測期間を、単独期ではなく複数年度（その後の永久期間を含む）を対象としていること、そして、「とびとび」ではありますが、複利計算を前提としていること、などにおいても優れた評価法です。

　しかも、資本コスト（割引率）を、投資家側の期待収益率という変数にして開放している点においても、根本的な企業価値算定の概念と整合性があるといえます。

　このDCFによって割り出される「現時点での妥当な価格（理論価格）」を算定するにあたっては、参入障壁、ビジネスモデル、バリュードライバー、対象企業が属する商品・製品のマーケット、財務オペレーションの合理性判断、経営意思決定の基準等々を確認するために、いくつもの定量・定性調査を行わねばなりません。

　しかし、DCFの概念を習得し、数字をつくっていく、その分析の過程で、企業の姿が非常にクリアにみえてくるようになります。それぞれの因数の「現実的な範囲」の勘どころもおのずとわかるようになっていきます。

　そして、「新興企業のように将来業績が不透明で、予想しにくい対象の場合は使い物にならない」との指摘に対しては、そもそもバリューアプローチにおいては、先にROICやCF計算書で、価値創造力の高さと、堅固な参入障壁やビジネスモデルを構築していることを確認したうえで、さまざまな定性・定量分析をベースにして、最終的な価値評価を行います。

　その目的は、「正しい株価を予想する」ことではなく、「正しい投資行動」をとることにほかならないからです。

　では、実際に簡単な事例で計算してみましょう。

例題　DCF法の計算

　最終年度のFCFが288、最終年度以降のFCFの成長率（永久成長率）を３％と想定した企業価値を算定する手順は次のようになります。

	1年目	2年目	3年目	4年目	5年目	継続価値	事業価値
予想 FCF	220	246	264	277	288	手順③	
現在価値	206	215	216	211	205	5,288	6,340

手順①

資本コストは 7 ％とします。

手順②

　フリーキャッシュ・フローの予測期間は、ある程度予測がつく範囲、できれば景気循環を考えて 5 〜 7 年でつくります。本当はもっと長い将来にわたって予測できればよいでしょうが、現実離れしてしまいますね。

　表のように 5 年間のフリーキャッシュ・フローの予想をつくったとして、5 年目以降の事業価値については、予測期間の最終年度、たとえば 5 年目で、「永久に一定の割合で増加する」と推定します。

手順③　継続価値を計算します。

　計算式は、次のようになります（〈もう一段の深掘り＆余談…№ 7 〉で詳述します）。

計 算 式　FCF（フリーキャッシュ・フロー）

　（予測期間の翌年の FCF）÷（資本コスト－ FCF の成長率）

　$(288 \times (1 + 3\%)) \div (7\% - 3\%) = 7,416$

手順④

　各年度の FCF を現在価値にするには、$(1 + 割引率)^{年数}$ でそれぞれ割り戻しますから、2 年目×2 のべき乗、3 年目×3 のべき乗、……と計算していった現在価値が下段です。継続価値は、最終年度と同じ、5 年で割り戻し

ます。

　この現在価値をすべて足し合わせると、6,340となりました。これが事業全体の価値です。

手順⑤・⑥

　「土地や建物などの遊休資産を時価評価し、非事業価値を求める」について注意点すべきは、企業価値は、事業価値＋非事業用資産、ですが、事業用に使われている土地や建物等の投下資本は、事業価値（Intrinsic Value）に含まれますので、二重にカウントしてはいけないということです。

　本社や工場、店舗などは、事業価値のなかに入っていますから、別途加算されるのは、あくまでも「その企業が事業に無関係に所有する資産（遊休資産の現在価値）」だけです。

手順⑦

　投資家＝株主＋債権者に帰属する企業価値のうち、債権者への分配である有利子負債の額を差し引きます。

手順⑧

　これを発行済株式数で割れば、現時点での企業価値から想定された理論株価が算出できます。

●もう一段の深掘り＆余談　　　　　　　　　　　　　No.7

　継続価値の計算式は、予測期間最終期のフリーキャッシュ・フローが、予測期間以降、毎期一定の割合で永久に成長していくと仮定するため、無限等比数列の和の公式を利用した永久成長率モデルと呼ばれます。

　計算式は次のとおりです。

継続価値$=\dfrac{\text{予測最終年度の FCF}\times(1+\text{永久成長率})}{(1+\text{資本コスト})}$

$+\dfrac{\text{予測最終年度の FCF}\times(1+\text{永久成長率})^2}{(1+\text{資本コスト})^2}$

$+\dfrac{\text{予測最終年度の FCF}\times(1+\text{永久成長率})^3}{(1+\text{資本コスト})^3}\cdots\cdots$

$+\dfrac{\text{予測最終年度の FCF}\times(1+\text{永久成長率})^n}{(1+\text{資本コスト})^n}$

したがって、継続価値は、

初項$=\dfrac{\text{予測最終年度の FCF}\times(1+\text{永久成長率})}{(1+\text{資本コスト})}$

公比$=\dfrac{(1+\text{永久成長率})}{(1+\text{資本コスト})}$

の等比数列の和になります。よって、

継続価値$=\left(\dfrac{\text{予測最終年度の FCF}\times(1+\text{永久成長率})}{(1+\text{資本コスト})}\right)$

$\div\left(1-\dfrac{(1+\text{永久成長率})}{(1+\text{資本コスト})}\right)$

この分母・分子に（1＋資本コスト）をかけると、

$=\dfrac{\text{予測最終年度の FCF}\times(1+\text{永久成長率})}{1+\text{資本コスト}-(1+\text{永久成長率})}$

$=\dfrac{\text{予測最終年度の FCF}\times(1+\text{永久成長率})}{(\text{資本コスト}-\text{永久成長率})}$

　永久成長率を何パーセントにするかが最も重要な論点ですが、この考え方については、最後に詳しく説明します。

第 2 章

価値創造の決定要因
──参入障壁とビジネスモデル

2−1　参入障壁とは何か

　第1章では、企業価値とは、バリュー投資とは、そもそも何なのかという根本的な問いに対する説明から、企業価値算定のために必要なポイントと基本的な手順を解説していきました。

　本章では、本質的価値が高く、将来フリーキャッシュ・フローを継続的に創出し、増大させ続けられる投資先を、どのように見極めて探していけばよいのかを網羅的に説明していきます。バリュー投資における定性分析の基本です。

　まずはじめに、この判断の重要なカギとなるのが「参入障壁」です。

　参入障壁という言葉は、一般的にあまりよい響きではないかもしれませんが、経営学における定義は、「代替性が低く、高いマージンを得ることができる商品やサービス」という意味で、これがもたらす付加価値であり、参入障壁をもたない、もしくは低い企業との差額の部分がフランチャイズバリューです。「franchise」とは、「特権を与える」という意味で、コンビニなどのフランチャイズもここからきている言葉です。

　読んで字のごとく、参入の障壁になるような商品・製品やサービス、つまり他の企業が、そのビジネスに参入することを思いとどまらせるような障壁があるからこそ、フランチャイズのバリューが生まれる、競争優位性がある、という意味です。

　フランチャイズバリューの創造力が高い企業が、イコール、バリュー投資で選択すべき銘柄です。

　具体的に参入障壁とは何か、これについても明確な定義は確立されていません。ただ、経営学者のマイケル・E・ポーターが、著書『競争戦略論[12]』のなかで説明している定義があります。

12　マイケル・E・ポーター『[新版] 競争戦略論Ⅰ、Ⅱ』（ダイヤモンド社、2018年）。

図表5　5フォースモデル

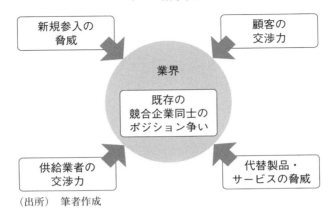

（出所）　筆者作成

　同書において提唱されている、業界内の競争状態を決定する5つの要因分析「5フォースモデル」が**図表5**です。

　この図の左上と右下の競争要因、「新規参入の脅威」と「代替製品・サービスの脅威」を回避できる戦略に参入障壁があり、定義は、次の7つです。

POINT ▶ 参入障壁の定義

① 規模の経済性
② 製品差別化
③ 巨額の投資
④ 流通チャネル
⑤ 独占的な製品技術
⑥ 経験曲線効果
⑦ 政府の政策

　これをもって絶対的、かつ、7つに限定されているとは考えておりませんが、企業の参入障壁について、理解を深める非常によい糸口となりますので、順に検証していきましょう。

2—2　参入障壁の検証——規模の経済性

　まず、規模の経済性は、スケールメリットと呼ばれ、要するに、生産1つ当りのコストが小さくなる、あるいは、原材料や設備の一括購入などで、大手のバイイングパワーがある場合、つまりその分がコスト競争力になります。

　過去には、資本力をベースに、（合法の範囲内で）優越的地位を享受する傾向がありましたが、現在のように少子化や高齢化など市場全体が縮小し、ICT によるネットワーク化など、梃子の反作用現象の Deleverage[13]な状況では、逆に小資本のメリットが目立つようになりつつあります。

　価値観が多様化して、大量生産・大量消費が成り立たなくなり、ファブレスなど生産設備をもたない企業が、高い利益率で勝ち組になる傾向もあります。また、ビジネスのスタートにおいても、ネット活用でエントリーバリアの低下が著しくなっています。

　特に、日本のように長期的な需要総量が減少するなかでは、サイズの大きさが企業価値に結びつかない状況ですから、ROIC を上昇させるためには、分母の投下資本をできる限り小型化し、企業価値創造の向上を考える必要があるということです。

　こうした流れに資するのが、シェアリングエコノミーの台頭であり、エコシステム構築などです。

　一方で、資本力がそれほどない中小企業でも、帰属するニッチ市場の過半シェアを獲得し、「規模の経済」の参入障壁を強化することで、フランチャイズバリュー創造につなげることも可能です。

13　本書において「Deleverage」とは技術的な向上、IT 市場の成長拡大が、省資源や省資本という需要総量の減少につながることを意味している。

　たとえば、固定費型ビジネスでは、売上げが損益分岐点を越えると爆発的に利益が出ます。つまり、規模が大きい企業がコスト競争力をもつことになるのです。

　小売りは変動費型ビジネスの典型例のようにみられがちですが、実は「隠れ固定費」が非常に大きい。人件費はもちろんのこと、冷蔵庫や冷凍庫を24時間稼働させておくための水道光熱費、敷地に係る賃借料や店舗内の設備に係るリース料なども、すべて固定費の塊です。

　こうした観点から、トップラインである売上高をいかに拡大させるか、出店をいかに増やし、帰属事業領域の規模を拡大していくか、そのために逆算してビジネスモデルを設計構築することが重要になる場合が多いのです。

　また、現代の「スケールメリット」は、資本の量よりも、データの量から生まれることが多々あります。

　データ量を参入障壁にできるかどうかも、その活用において、価値を創造する仕組み（ビジネスモデル）をどのようにつくりこむかによって決まります。

2−3 参入障壁の検証──製品差別化

　製品差別化は、製品だけでなく、商品、サービスも同様ですが、いうまでもなく最も重要です。これがなければ、そもそも価値創造などできないでしょう。

　製造業においては「モノづくり大国」、サービス業では「おもてなし」と、日本が得意と自負している領域ではありますが、ただし、本当に企業価値に結びつく差別化ができているのかを見極める必要があり、それを判断する数字こそが、第1章で説明したROICです。

　そして、日本企業は、欧米企業に比べて、明らかにROICの水準が総体的に低いのです。

　日本人には、製品やサービスの改良に徹底的に尽力する国民性があり、結果的に世界中どこでも日本製品が行き渡っています。メイドインジャパンといえば高品質、というブランドが十分浸透していることは間違いありません。

　しかし、ROICの水準が低いということは、裏を返せば、それに見合う価値創造ができていない、どれほど技術や高機能を誇っていても、差別化ができていないことを意味しています。

　そして、特に製品差別化の参入障壁には、ビジネスモデル、つまり、戦い方、勝ち方を掘り下げる思考がなければ、価値創造には結びつきにくいといえます。

　逆に、自らの参入障壁を軽んじてムダにし、価値創造の機会を損失させているのは、日本企業自身だということでもあります。

　そして、**図表1**で示したとおり、価値創造ができていなければ、そもそも企業の社会的責任を果たしているとはいえないのです。

　特に、製品やサービスが参入障壁として価値を増大させるためには、顧客にとっての不（不都合、不便、不満など）や非（非効率、非合理など）の解消

をもたらすかどうか、が重要な判断のポイントとなります。これは、後ほど
詳述します。

2－4 参入障壁の検証──巨額の投資

　小資本が勝てる環境が整い、投下資本もなるべく極小化すべきであれば、巨額の投資が参入障壁になりうるのかと疑念が湧くでしょう。

　設備投資が適正かどうか、価値を創造しているかは、1－6で、投資CFに対する営業CFの比率（営業CF÷投資CF）が100％以上になっているか、複数年でチェックする、と説明しました。

　そのうえで、企業からは投資計画を聞き取り、その規模や内容に整合性・妥当性があるかを判断する作業も必要になります。

　古典的バリューアプローチのグレアムは、資産のバリュー算定がむずかしいという理由から、固定資産が占める割合が小さい会社を投資対象にすべきと主張しており、根本的に将来生み出される価値を低く評価しています。

　しかし、バフェット的な真のバリュー投資では、将来の成長性こそが企業価値そのものになりますから、当然その将来の価値を生み出すための投資は必須です。

　設備投資が将来生み出す価値について、わかりやすい事例としAmazonをみてみましょう。

　設立間もない当初のAmazonには、とにかく巨額の設備投資に対して非難が集まっていました。

　それは、いつまでたっても「利益」が出ない会社であったからですが、1997年の上場以降も、システム投資、物流センター投資、データセンター投資、と徹底したインフラ構築を現在に至るまで継続してきたため、純利益については、カツカツ、もしくはマイナス、という状態がほぼ続いてきました。

　AWS（Amazon Web Services）という高収益事業がスタートしてからは、利益構造が変わってきましたが、実はそれよりも重要なポイントは、営業CF対投資CFが一貫して100％以上で推移していること、そして、それだけ

図表6　Amazon 営業キャッシュ・フロー推移

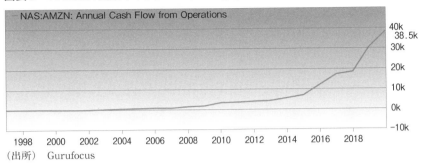

NAS:AMZN: Annual Cash Flow from Operations

40k
38.5k
30k
20k
10k
0k
-10k

1998　2000　2002　2004　2006　2008　2010　2012　2014　2016　2018

（出所）　Gurufocus

でなく、営業 CF 単独の数字が一貫して毎年右肩上がりで、20年以上一度も前年を下回っていない、というキャッシュ・フロー最大化を経営の基本に置いてきたからこその実績に着目すべきなのです（**図表6**参照）。

　Amazon はプラットフォームビジネス、つまり「他のレイヤーが提供する製品・サービス・情報を顧客と結びつける場や仕組みを提供することで活用し、価値を創造するビジネス」ですから、Amazon が販売する商品自体に特に付加価値や差別化があるわけではなく、同社の価値創造の源泉である顧客ロイヤリティの確立は、圧倒的に優れた倉庫管理や物流システムの設計・運営にあります。

　Amazon は、それを「巨額の投資」によって、初期の段階と継続的な改善を行い、徹底的につくりこんだのです。巨額の投資によって生み出された強みこそがフランチャイズバリューにつながってきたということです。

　この事実が端的に表れているのが、CCC（キャッシュコンバージョンサイクル）マイナスという驚異的な運営で、間違いなく参入障壁であることが確認できます。

　CCCの短さは、運転資本の効率性の高さにより、加速度的にキャッシュ・フローが積み上がるビジネスモデル構築ができていることを示しており、だからこそ、同社のフリーキャッシュ・フローも、巨額の投資によるマイナス分があっても、運転資本でマイナスがないことで相殺されています。

　投資によって生み出される価値は、本業の利益（NOPAT）として好循環

でつながるという仕組みです。CCC および運転資本については、あらためて第 5 章で詳しく解説します。

2−5　参入障壁の検証——流通チャネル

　Amazon と同様に、運転資本のマネジメントにも関連する参入障壁が流通チャネルです。商品・製品が企業から顧客へ流通する経路を戦略的に構築することで、高い競争優位を獲得することができます。

　企業がある事業への参入を考えるときには、顧客へアプローチする前の段階で、その事業を遂行するための業務プロセス構築が必要です。

　そのために協力を仰ぐ取引業者は、まさに**図表1**で示したステークホルダーの一角におり、顧客開拓よりも前に、プロモーションなどを通じて製品・サービスの優位性を伝え、理解を得てネットワークをつくりあげておく必要があります。これは、実は顧客を獲得するよりもむずかしい場合が多く、当然時間と労力がかかります。

　そのうえで、サプライチェーンとしての物流や配送網などの供給体制も整備し、あわせて適正在庫を維持する生産管理の仕組みも構築せねばなりません。まさに、

　　「企業が競合企業に対して優位に立つことができる源泉は、その企業の業務（エンジニアリング）にある」

というドラッカーの言葉どおりです（『現代の経営[14]』より）。

　ゆえに、それが複雑であるほど参入障壁は高くなり、逆に、中小零細企業のような資本力に劣る場合は、いかに同等の価値創造を実現するかが課題でした。

　それが、現代では、ITやネット、ファブレスな生産システム、シェアリングの活用によって、その格差も解消することが可能になっている、それこそが、規模の経済性で小資本でも優位性を享受できる、と説明した理由です。

14　P・F・ドラッカー『現代の経営　上、下』（ダイヤモンド社、2006年）。

IoT（Internet of Things）が、業務プロセスへの導入、特にロジスティクス革命からスタートしたのも、スマート工場化から、バリューチェーン全体の最適化を図ることで、運転資本の大幅な改善がみえやすく、具体的に価値創造につながるからで、だからこそ、今後の競争優位への影響が大きいと見込まれるわけです。

流通チャネルの構築に関しては、特にロジスティクスの概念が重要になります。

その言葉は、戦場における兵站（弾薬・食料・衣類・医薬品や兵隊そのもの）を供給し補充するプロセスを、合理的かつ効率的に最適化する後方業務、という意味から派生しているとおり、「必要な場所に、必要な量を、必要なタイミングで」送り届ける活動全般を含み、調達や輸送、中間地点での蓄積保管などにも及んでいます。

つまり、単に物資を右から左へと移動する「輸送」や、従来の「運送」とはまったく別次元の設計思想です。

第2次大戦の連合国軍は、資源の調達から軍需工場での生産、そして戦場の現場にまで送っていくグローバルなサプライチェーンを高度化する一方で、相手には同じようにさせないために、敵のグローバルロジスティクスの弱点を見つけて叩きました。

要となる空港や港湾、軍需工場などに戦略爆撃をかけて使用不能にし、また、軍事物資を運ぶ商船や兵隊を乗せた軍船を潜水艦で撃沈することにより、主戦場に物資を供給できなくさせることで勝利したといわれているのです。

日本軍は、兵隊を広大な中国大陸や南方の各所にバラバラに振りまき、それぞれ派遣された戦場で、各自が頑張って戦えば勝てると考えていたのですが、鉄砲は弾がなければ撃てない、武器弾薬があっても食糧がなければ兵隊は戦うことができない、そもそも衣服や薬がなければ生き延びることもできません。

ロジスティクスの概念が欠落していた日本軍の思考は、現代の日本企業に至るまで続いている欠陥ともいわれます。在庫の移動および配置、そのための需要予測や、顧客サービスまでの機能を含むロジスティクスの構築は、モ

ノだけでなく情報の流れ、輸送・保管・管理の方法などを計画、実行、制御するバリューチェーンですから、資本効率性とは、すなわちこの部分の巧拙そのものであり、ROIC の多寡に大きく影響するのです。

2−6 参入障壁の検証──独占的な製品技術

独占的な製品技術とは、換言すれば特許など知的財産のことですが、法的なお墨付きまでいかない、たとえばレストランの秘伝のレシピ、なども入ります。

知財戦略は、長年日本企業にとって苦手な領域と評されてきましたが、最近はかなり変化がみられています。

知財には、自社のオリジナル技術やアイデアを他社に使われないように囲い込む、防御することで業績に悪影響を及ぼさないようにするイメージがありますが、そこまでにとどまらず、逆にオープン戦略によって、ライセンスなどの知財を競争優位のコアと位置づけるなど、攻めのツールとして使い、より高い企業価値に結びつけることができます。

知財オープン戦略の代表的な企業の例としてあげられるのが、米国のQualcomm（クアルコム）、移動体通信の通信技術や半導体の設計開発を行う企業です。

同社は、もともと携帯電話の端末と通信設備部門を併せ持っていましたが、1999年に携帯部門を京セラに、通信部門の基地局はエリクソンに売却し、モバイル・チップと通信技術のライセンス部門に完全に特化してしまいました。

要するに、従来のような「フルラインアップで生産設備も所有する」方式をやめ、ファブレスな経営スタイルを希求して投下資本を極小化する方向に一気に変更したのです。

そもそも、一般消費者相手の携帯電話機器は、世界各地域で寡占状態のキャリアに紐づいているため、メーカー側は顧客を選べず、ゆえに交渉力も弱く、取り合いでパイが小さくなるような製品です。

そうしたハードの電話機や基地局ビジネスを捨てた後に、チップとライセンスという知財ビジネスのコアに集約する戦略に大転換したことで、同社の

怒涛の快進撃は始まり、時価総額でインテルを抜き去る地位にまでのぼりつめたのです。

　Qualcomm が特化した知財は、携帯電話の通信技術ですが、世界中でバラバラの通信規格が乱立していると、それぞれの規格に払うライセンス料の多重コストのムダが生じます。そして基地局側の量産効果などから、方式の数が収斂すればするほど効率がよくなるのです。

　ネットワーク外部性というのは、同じ財・サービスを消費する数が増えれば増えるほど、その財・サービスから得られる便益が増加する現象のことで、ネットワーク外部性が存在する財・サービスには、利用者の増加がさらなる利用者の増加を促す「正のフィードバック」が発生します。

　まさに、同社は「ネットワーク外部性によって１つの通信方式に収斂」することで価値創造される仕組みにうまく乗ってきたのです。

　つまり、キャリアを超えて世界の携帯電話メーカーに製品やライセンスを供給できる立場で知財を獲得し、世界が１つの通信網でつながるなか、アプリケーションプラットフォームを BtoB の顧客に提供することで、高い参入障壁を築いてきたのです。

　このように、知財という参入障壁についても、単純に機能や技術だけをみるのではなく、当該企業のビジネスモデルのなかで、どのように価値創造に結びつけられているのかを見極めていかねばなりません。

2−7　参入障壁の検証──経験曲線効果

　経験曲線効果とは、そのままの意味で、経験を長く積むにつれて、よりその課題を効率的にこなせるようになる、つまり、経験を積むことで、習熟効果によって作業効率化や労働生産性の上昇を実現できる、その分量が参入障壁になります。

　これだけでは、いわゆる先行者利益という時間的な優越性にすぎないものではありますが、それをシステムとして体系化することで企業価値に結びつけたのが、トヨタ生産方式です。

　手待ちや運搬や動作など、7つのムダ取りや絶え間ない改善による徹底した作業の効率化、身体の向きや歩幅などから、道具や部品の置き場所に至るまで、「付加価値を高めない各種現象や結果」を極限まで排除する方法論を確立し、また、絶え間ない改善というとおり、そこにとどまらず、現場で作業を遂行しながら同時進行で変えていきます。

　意識そのものの改善アプローチも含めた仕組み自体が、大きな価値を創造し続けているのです。

　そのため、新規に生産ラインを立ち上げても、すぐにその仕組みを導入すれば、経験曲線をそのまま移設できるわけです。

　経験曲線を企業に既存の資源、と考えれば、それを梃子にしてビジネス展開を考える発想にもなります。

　現在は、ビッグデータの分量が経験曲線にもなりますし、日本電産のようにM&Aを徹底活用している企業は、その実務経験が社内に共有知として蓄積され、価値を生んでいます。

　経験曲線によって新たな成長ステージを創造した事例を紹介しましょう。

　ワーキングウエアのワークマン（7564）ですが、同社が新業態店WORKMAN Plusに進出した理由は、"将来に対する危機感"で、作業服の専門チェーンという非常にニッチな市場では圧倒的なシェアを誇ってきたも

のの、ニッチゆえに、店舗数を増やして売上げを伸ばすというフランチャイズ戦法が限界に達しつつあったからです。

　ニッチ市場だけであれば、人口10万人の商圏当り１店舗が限界なため、現在のペースで出店を続けると2025年には1,000店に達し、国内ビジネスが頭打ちになることがみえていたのです。

　そこで同社は、2014年にアウトドアウエア分野への新規参入を決断し、それから新業態１号店をオープンするまでの約４年間で入念な準備を進めます。

　それが、新業態の核となるアウトドアウエア分野のPB商品の開発と、需要予測システムの精度向上、さらに、そのための全社的なデータドリブン体制構築と、システムによって成し遂げられたSCM（サプライチェーンマネジメント）の最適化です。

　まず、それまでほとんど手掛けてこなかったPB商品を、2016年から順次開発を進め、アウトドアウエアのフィールドコア、スポーツウエアのファインドアウト、レインスーツのイージスといったブランドで、既存のワークマン店舗で販売し始めました。これが予想以上にアウトドア好きの間で「高機能なのに安い」と話題になり、隠れたヒット商品となっていったのです。

　さらには、データドリブンの考え方を社内で共有知としていくために、社員全員のデータ分析力引上げを仕組みとして構築していきました。

　「ワークマンのデータ活用の原則は「浅く広く」。知識が浅い分を周知という広さで補う。皆で考えて進化させていく。AIのようなスーパーパワーではなく、普通の人の知恵を集めて経営していくのが理想」（『ワークマンは商品を変えずに売り方を変えただけでなぜ２倍売れたのか』酒井大輔著）と述べられているとおり、そのために人事制度や研修も整備しています。これはまさに、データを企業の内部で広く共有し、集合知のなかで改善していくバリューチェーンを確立したということです。

　つまり、新たに展開するWORKMAN Plusで販売する商品については、数年がかりで綿密な計画と準備がなされ、販売実績データの蓄積がオープン前に十分に溜まっていたのです。

WORKMAN Plus には既存店と同じ自動発注システムがあるため、発注を担当する社員なしで店舗を運営できます。本部側の業務もまったく変えておらず、店構えや店内の雰囲気、商品の陳列だけを変えているため、オペレーションへの負荷も最小限ですみます。

さらに、自動発注システムが算出した最適な発注量をワークマン本部から発注はせずに、予測した数字を仕入先にそのまま開示、数字をベースに仕入先が決めた納品数を無条件ですべて買い取ります。

最終決定権をもつ仕入先を全面的に信用した発注なので、「善意型 SCM」と呼びますが、この導入で、ワークマンは発注業務の省力化と発注量の適正化を両立でき、在庫回転率も上がりました。

新たな店舗は既存のワークマンで売れている商品を取り扱い、しかも発注量を適正にできる仕組みがあるのですから、新業態への進出にも確度をもって臨めた、つまりは経験曲線を強みとして一気に価値増大につながったのです。

しかも WORKMAN Plus の盛況が媒体で紹介されて評判になった際、実際には同じ商品が既存のワークマンでも売られていると周知されると、既存のワークマンにも波及効果で顧客が大幅増となり、全店、全カテゴリーで売上げを伸ばすかたちになっています。価値が成長をつくる理想的な展開になったといえます（**図表 7** 参照）。

図表7　ワークマン（上）と WORKMAN Plus（下）

（出所）　ワークマンホームページ

2−8　参入障壁の検証——政府の政策

　政府の政策には、たとえば、許認可などの規制があり、さまざまな業界で、資本金や有資格者数などのルールがあります。

　ただし、既得権益を守るために他者を排除する論理で築いた参入障壁では、実は価値を増大させることはできません。農協法によって、農家の経営のほとんどを握る巨大なコングロマリットである農協などをみれば、理解できるでしょう。

　まさに、第1章の**図表1**で示したステークホルダー間の企業価値分配において、公平公正な WinWin が達成できなければ、高い企業価値は生み出せない見本でもあるといえます。

　国策で競争を排除した寡占状態のなかで、甘い汁を吸い続けることによって、結果的に自らの競争力・価値創出能力も毀損し低下させ、中長期でみれば、市場原理のなかでジリ貧先細りになることは自明の理でもあるのです。

　このように規制によって得た特権を参入障壁にする企業や組織とは逆に、規制緩和を梃子にしたビジネスで競争優位を獲得する場合は、どうでしょうか。

　たとえば、Amazon はドローンを利用した商用配送サービス「プライムエア」で2020年9月に米連邦航空局（FAA）の認可を取得しましたが、ドローンは配送だけでなく測量や点検、リモートセンシングなど、多数のビジネス展開に可能性があります。一方で、関連する規制には、航空法、小型無人機等飛行禁止法、道交法、電波法、民法（土地所有権）、その他、地方の条例などがあり、飛行高度の制限や人口密集地での飛行禁止規制、利用できる無線の周波数帯、離着陸に関する規定など、多岐に及んでいます。

　特にドローンについては、安全面や国防、プライバシー等、むしろ規制を明確に整備すべき側面と、国益のために規制緩和を進めていくべき側面の両方がある点で、「政府の政策」としてかかわる必要性が非常に高い分野だと

も考えます。

　この規制緩和の取組みの一例としては、「無人航空機の飛行に関する許可・承認の審査要項」改正を受け、2018年には約5カ月間の期間限定で、日本郵便が福島県内の郵便局間配送を試験的に実施しており、さらに、2020年3月には、中山間地（東京都奥多摩地域）配達区内でも配送試行するなど、本格運用に向けて動いています。

　国土の7割が山林で、小さな有人島も多く、走行距離が都市部の6倍といわれる過疎地での物流コスト削減という観点からも、期待は他国以上に大きいでしょう。

　人手不足によるトラックドライバーへの過度な負荷の緩和も喫緊の課題ですから、社会全体に対しては、非常に大きな価値を生み出すと見込まれます。

　しかし、投資対象として企業をみる際、参入障壁としての政府の政策については、それが既得権益であれ、その逆に広く価値創造の機会を解放する規制緩和であれ、あまり高く評価はできないと考えています。

　永続的に企業価値を創出する競争優位性は、オープンかつ公正な競争環境のなかで、企業自らの努力、試行錯誤、創意工夫によって生み出されるからこそ、強靭に、さらに高くなるからです。

　外部要因への依存度が高く、自主的・主体的な競争優位性の確立ではない、つまり、外部要因による「市場の成長」をあてにするビジネスでは、高い壁を築くことは困難です。

　他のイノベーションと同じく、社会に大きな価値を生み出すことと、個別の企業価値がどうなるかは別の議論です。そして、この論点は、次章にもつながります。

2−9　成長は企業価値の源泉ではない

　第1章で、真のバリュー投資は、将来の成長性のバリューをみると説明しました。しかし、ここでいう「成長性」とは、当該企業のキャッシュ・フローの成長性であり、帰属する市場・事業の成長性ではありません。

　もし、当該企業がかかわる市場・事業の成長性が高い場合、その企業が技術や製品や商品で参入障壁を築いていたとしても、他企業がそれを乗り越えて参入しようとする可能性が、限りなく高くなってしまうことを意味します。

　右肩上がりのピカピカの市場には、そのオコボレにあずかりたい企業が沢山群がってくるのです。

　ジェレミー・シーゲルの著書『株式投資の未来[15]』においても、「成長の罠」「過大評価される成長株」「成長すなわちリターンにあらず」など、再三にわたり、ハイテク企業や新興企業への投資に対して懐疑的な評価がなされていますが、ただし、基本的に同書では、株価が期待先行で高くなりすぎている、成長を価格に織り込みすぎてバブルになっている、等々、あくまでも「価格」の観点からリスクを論じています。唯一、第7章の「資本を食う豚」では設備投資に触れているものの、やはり追求されているのは株価への影響です。

　再確認しますが、みるべきは、株の価格ではなく、あくまでも企業の価値なのです。

　ROICの分母は投下資本であり、成長には必ず投下資本の増大が伴うことも、価値を毀損する要因の1つです。

　成長が高く、競争が激しい市場では、価格競争に巻き込まれる可能性が高くなり、価値を毀損しやすくなってしまうこともあります。価格のコント

15　ジェレミー・シーゲル『株式投資の未来〜永続する会社が本当の利益をもたらす』
　　（日経BP、2005年）。

ロールを制御し、価格設定者となるには、競争が限定されるような差別化されたものでなければなりません。

　たとえば、価格競争のなかでコスト削減によって付加価値が確保できたとしても、競争が激しい市場で、皆同じようなコスト削減努力を続けていると、それは市場全体の価格低下につながり、生み出された価値はすべて消費者に還元されてしまうのです。

　当然ながら、消費者にとっては嬉しいことですが、**図表1**のステークホルダーと企業システムの関係図で説明したとおり、過度に偏った分配は、たとえ、それが顧客や従業員に向けたものであったとしても、必ず企業価値の低下につながります。

　また、成長市場のなかで勝ち残るには、価格だけでなく、熾烈な競争のためのコストが高くつく、という面もあります。

　1－9で説明したフリーキャッシュ・フローの計算式を思い出してください。

計 算 式 ▶ FCF（フリーキャッシュ・フロー）

FCF＝税引き後営業利益（NOPAT）＋非現金支出－（運転資本の増減額）
　　　－投資額

　将来FCFの成長は、適切に投資をしなければ創出されない、それが翌年以降のFCFに結びついていく、といいましたが、ただし、この式でわかるように、投資額はマイナス項目です。

　たとえば、競争が激しくない市場であれば、5の投資で10の価値を得られるところを、競争が激しいために10の価値を得るためには8の投資をしなければならないとすれば、それだけ投資コストが余計に高くなり、最終的な価値が低くなるということです。

　そして、価値は長期間継続しなければ意味はありません。将来にわたって永続する価値にならなければならないのです。

　最先端の技術や急激に増加した需要によって一気に価値が創造されても、

陳腐化や需要低下による反動減や変化への対応が要求される市場では、実際の事業オペレーションにも負荷がかかり、業績のボラティリティ・リスクが高くなります。

企業価値創出を考えるときには、成長市場かどうかは関係ありません。必ずしも事業自体が成長する必要はないのです。

なぜなら、すべての成長がバリューを生み出すとは限らない、逆にバリューが成長を生み出すことはできるが、むしろ、成長市場に居ることによって、かえって価値を毀損されてしまう場合が多いということです。

この「成長が価値を毀損する」という問題を、2−6の知財によって解決した事例を紹介します。

知財という参入障壁は、常に仕組みのなかで活用を考える必要があると説明しましたが、その仕組みそのものを特許にするのが、ビジネスモデル特許です。

日本の企業で、ユニークなビジネスモデル特許を創出した企業に、日東電工（6988）があります。

同社の液晶パネル事業でビジネスモデル特許を取得したロールトゥーパネルですが、これは偏光フィルムメーカーである同社が、顧客の液晶パネルメーカー工場内に入り、日東電工の従業員が日東電工の製造設備を使ってロール状の偏光フィルムをガラス基板に貼り合わせ、検査を行い、品質を保証するビジネスモデルです（図表8参照）。

従来の取引は、フィルムの切り売りモデル、つまり偏光フィルムメーカーがロール状のフィルムを所定のサイズにカットし、検査し梱包して輸送する、それを受け取った顧客のパネルメーカーが、自分達の工場で開梱し、洗浄や検査を経て、パネルメーカーの製造装置で貼り合わせていました。

しかし、この偏光フィルムの貼り合せは、偏光軸の方向の関係で角度がむずかしく、ムダな部分も多く、気泡も入りやすいため、歩留まりが低下しやすい作業です。

温度や湿度、クリーンルームの環境、張力、曲げ剛性、等々の多数の微妙な条件があるうえに、技術の進展でガラス側が拡大して薄くなり、たわみも

図表 8　偏光板の事業モデル「ロールトゥーパネル」の仕組み

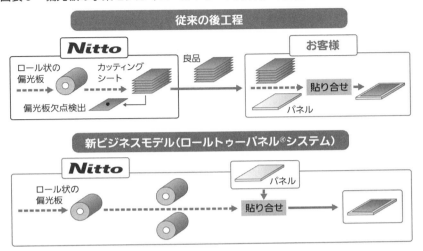

生じやすくなってきているにもかかわらず、90度角度を変えて2枚貼り合わせる難易度の高い工程が必要で、検査工数、包装、輸送、保管など、関連するコストも年々上昇する一方です。

　歩留まりによって状況が変わることで最も影響を受けるのが、両社にとって在庫レベルをどう考えるかという点です。

　フィルムメーカー（日東電工側）からみれば、注文量が増えたとしても、それが実需によるものなのか、歩留まり改善遅れによるものなのかが不明であれば、疑心暗鬼につながるでしょう。つまり実需の拡大による安定した受注でなければ、その分の投資額が増えてしまうために、かえってマイナスになります。

　低歩留まりで売上げが増加して特需を得たとしても、不安定な業績をもたらすだけということです。

　ロールトゥーパネルシステムは、偏光フィルムをカットせずに、ロール状のままで供給し、同時に、日東電工の貼合せ装置を、ユーザーである液晶パネル工場に置き、日東電工の社員がオペレーションをしながら、そのまま、

ロールからフィルムが連続供給され、要求される長さでカットされて貼られるというやり方です。

当然、梱包や開梱、輸送コストが大きく減るだけでなく、フィルムの取扱いに熟知した日東電工の技術者がサポートするため、歩留まりも向上してムダな在庫も不要となり、双方にコスト削減効果が大きいのです。

スタート前には、このシステムを導入して歩留まりがよくなっても、それは偏光フィルムを使う量が減ることを意味するため、日東電工にプラスではないのではという懸念がありましたが、それはまったくの誤解で、ユーザーとの共創によって各段階でロスが減り、双方の業績に貢献する結果となりました。

あらためてこの事例の示唆は、急速な成長や不安定な需要に基づく一時的な拡大が、価値創造のうえでは確実にマイナスであり、経営者は、それを安定的かつ継続可能なレベルに平準化させるような事業運営を目指さねばならないということです。

一方で、パネルメーカーの歩留まりや生産状況が、リアルタイムに丸裸で日東電工側に把握されますが、同時に、日東電工の側も、秘伝の塊である装置やロールが工場内に置かれ、そのノウハウも丸裸でパネルメーカーに知られてしまいます。ゆえに、信頼関係と価値共有に基づく共創モデルといえます。

導入当初は、顧客の現場の工場長などから、工場内で部外者が作業することに難色を示されましたが、圧倒的な利点が認められ、高い支持を得るようになったそうです。

超薄型偏光板については、ロールトゥーパネルでしか加工できなくなり、海外からの需要もふまえ、知財で徹底的に保護する必要から、特許自体も、本質的な部分を請求項に分けて全貌をわかりづらくする、ビジネスモデル的なところは広くとり、具体的な部分は深く記して、他社にとって突破する難易度を上げるなど、対応を強化しています。

　特需で有名な事例には、2011年の後半から2015年頃まで続いた中国における日本製の紙オムツバブルがあります。

　わが子によい物を使わせたい中国人の親心とメイドインジャパン信仰による爆買いは、観光客ではなく、いわゆる転売業者による商品の買いあさりで、なかでも特に標的にされたのは花王（4452）のメリーズです。

　当時は連日報道されましたが、買い占めによる店頭の大混乱が起き、品薄状態が続いたため、それを解消するために花王は大増産と越境ECの展開を一気に行いました。

　企業経営の観点からみれば、地産地消がベターですから、同社も中国で家庭訪問や意識調査を行い、現地に中国人好みの紙オムツをつくるための工場をすでに準備していました。

　それにもかかわらず、日本での生産を増やしたのは、中国人による日本製に対するニーズが高まったためで、2013年から栃木、愛媛の２工場で生産能力を増強し、山形で新工場の建設を始めたのです。

　さらに越境ECでは、直販サイトからの購入を進めてブランド価値の維持、つまり正規ルートの強化によって転売業者を弱体化させるやり方を進め、こうした施策は一定の効果を発揮しました。

　しかし、結果的には最もバブルの影響を受けた同社が、いちばん反動減に苦しむことになります。

　越境ECも本格的に成長拡大していくにつれ、内外価格差を利用した利鞘稼ぎがむずかしくなり、円高人民元安も進んだため、2016年には、このオムツバブルは弾けました。しかし、３年近くも品薄状態が続いたメリーズから、他ブランドに乗り換えた客は簡単には戻らず、バブル期に強気にセールを行わなかった店も多かったことから、価格競争力も低下していました。このため、成長がもたらす負の遺産にかなり長期間苦しめられたのです。

　ちなみに、ユニ・チャーム（8113）は、お家芸でもある「地産地消でリーズナブルな商品を提供して新興国を開拓する方式」で、競合他社より早くから中国に進出していたので、すでに３拠点５工場を整備し、リアル店舗も展開していました。

　しかし、逆にそれがメイドインジャパン信仰に相いれず、中国でのシェアを落とすことになったため、かなり遅れて輸出増加に舵を切って対応せざるをえなくなりました。

国内既存工場を増強し、さらに福岡に新たな用地を取得して、主に中国を含むアジア市場を見据えた乳幼児用・大人用紙オムツの生産工場を2018年に新設しましたが、バブルが2016年に入って収束していたこともあり、結果的に、やや遅れて完成した工場は、省人化技術を先行した最新鋭のスマートファクトリーとして、当初の目的とは違った方向で稼働しています。

　2020年に発生した新型コロナによって、世界中で広くマスクが着用されるようになりましたが、今回のようなマスク特需は、新型インフルエンザやSARS がはやった時期にもあり、その際に、エステー（4951）がマスク製造から撤退したことが話題になりました。

　そもそも増産体制を短期間でつくろうとすれば、投下資本を肥大化させ、必ず既存のオペレーションに負荷がかかり、経営上のベストな選択がとれずにロジスティクスにもゆがみが生じることになります。

　競合各社が一気に増産し、需給が崩れた状態でバブル崩壊になれば、薄利多売、さらには滞留在庫に苦しめられることにもなります。急速な成長拡大というのは、必ず経営的にはマイナスをもたらすのです。

2—10　ニッチトップにおける勝機と価値創造の優位性

　2—9で説明した成長拡大事業"ではない"からこそ、高いバリューを享受しやすいという戦略が「ニッチトップ」です。

　マイケル・E・ポーターの『競争戦略論』では、勝利のための手段として、選択する市場と、その市場のどこで戦うかという位置どり、つまり、ポジショニングが重要と述べており、優位な市場を選択して参入した後、その市場のなかでの位置のとり方の1つとして、ニッチへの集中もあげています。

　図表5に示した5フォースでは、左上の「新規参入の脅威」と右下の「代替製品・サービスの脅威」を回避するための戦略として、ニッチのポジショニングがあります。

　ニッチな市場というのは、要するにマーケットが小さくて魅力があるようにみえない、特に大企業にとっては、研究開発をして投資をしてマーケティングをして、と諸々のコストをかけて競争をしても、獲得できるサイズが企業規模に見合わない、だから最初から入ろうとしません。

　特に、日本のように人手不足が深刻になっている状況では、そのコスト負担はさらに大きいものになりますから、回避されやすく、競合圧力が低くなりやすいといえます。

　そこで圧倒的な技術力・製品力、きめ細かくつくりこんだ仕組み、などの差別化を図れた中小企業がトップシェアをとり、付加価値を享受できる素地があるのです。

　たとえば、グローバルニッチトップの代表的な企業には、プレミアム・バイクヘルメットメーカーのSHOEI（7839）がありますが、市場規模が600億円前後のところで、世界全体で約6割と圧倒的トップのシェアを有しています（**図表9**参照）。

　海外売上高比率は約80％ですが、日本のJIS規格だけでなく、米国の

図表9　SHOEIのバイクヘルメット

（出所）　株式会社SHOEI「X-Fourteen MM93
BLACK CONCEPT 2.0」

DOT、SNELL、欧州のECEなど、世界各地域の規格が定める性能基準に、量産した全製品が余裕をもってクリアできる生産技術があり、年間3,000回以上の抜き打ち検査を行っています。

　日本で唯一の大型風洞実験施設を保有し、実走行の検証を開発プロセスに組み込んでいるので、中小企業ながら、そのために数十億円も投資を行っていますが、これこそが、ベンチレーション（換気）性能、かぶり心地、軽量化、風切り音の低減、特に空力特性の向上と相反する安全性と快適性を両立させています。

　参入障壁でいえば、巨額の投資が、製品差別化に結びついて、高いフランチャイズバリューを創造しているということです。

　さらには、FRP（繊維強化プラスチック）成型・加工技術の構造や機能部分に多数特許を有して技術優位性を担保していますが、これは独占的な製品技術、つまり知財戦略です。

　ニッチトップで高いフランチャイズバリューが得られるのは、第一に価格決定力をもつメリットはいわずもがなです。市場規模が大きいところ、あるいは、その他大勢が参入してくる成長市場で価格競争を行えば、間違いなく価値が毀損されます。

SHOEI の場合も、売上構成比で最も大きい欧州（2019年9月期：48.3％）に関しては、単価が下は5万〜6万円から、高い物で10万円を超えるような高付加価値製品、これは特に高機能だけでなく、鮮やかなグラフィックを転写して塗装する、手工業的な工芸品としてのファッション性も評価され、富裕層を中心にコレクションとしての高い買換え需要があります。

　2013年に続き、グローバルニッチトップ100企業の2020年版が経済産業省から発表されましたが、日本のメーカーは、上場非上場問わず、世界シェアトップの製品が多数あります。

　たとえば、半導体製造装置のなかでも、検査・測定工程に係る装置でニッチトップを多数有し、特に、半導体マスクブランクス欠陥検査装置や、EUV マスクブランクス欠陥検査装置などでは世界シェア100％のレーザーテック（6920）、イリジウム化合物で世界シェア90％、特にオリジナルの化学溶解装置で世界唯一のレアメタルリサイクル技術をもつフルヤ金属（7826）、微細加工のニーズが高まるなかで超硬工具の超小径エンドミルでオンリーワンの日進工具（6157）、歯科用高速回転ドリルのナカニシ（7716）、脳波計の日本光電（6849）など、ニッチトップの位置どりによる「フランチャイズ」がバリューを高めている企業が多数存在しているのです。

2-11 ブランドのフランチャイズバリューは高くない

　ブランド価値は、「その製品・商品・サービスに対する顧客ロイヤリティが生まれることで、価格優位性をもちやすくなるために生まれる価値」、と定義されます。

　ブランドというと、いわゆるファッションにおけるハイブランド、ルイヴィトンやティファニー、エルメス、シャネルなどが思い浮かびますが、ただし、そのようなハイエンドの場合、市場自体の規模が小さいため、高い粗利を生み出していても大きな収益源にはなりにくいのです。

　そして、実はブランドの需要優位性、「顧客の囲い込み力」は、それほど高くはありません。

　たしかに商品イメージの高いブランドはステータスシンボルとなり、高い価格に対する許容度がありますが、フランチャイズバリュー、つまり投下資本に対するリターンに結びついてはいない、競争から守る高い参入障壁をつくりだせていないのです。

　1つには、こうした「ステータスシンボルとしてのブランド」は、仕組みではなく、あくまでもイメージであるということ、そのイメージをつくり、維持するためには、高い広告宣伝費や贅沢な販売代理店、アフターサービスなど高いコストが必要になる場合が多いからです。ブランドを維持するために生産原価が上昇し、収益性が低下してしまうのです。つまり、成長が価値を毀損するのと同じような傾向があります。

　一方、SNSが普及している現在では、Social by designのマーケティングといわれるように、商品や製品のよさが、ファンの間で勝手に拡散していく流れもあり、ブランド展開も多様になっています。コストを抑制しながらブランド認知度を上げることも可能になっているのです。

　しかし、ここであらためて考えるべきは、「価値と価格の違い」です。

　1-1で説明したとおり、「価値」とは、当該主体が自ら創造するモノ、

「価格」とは、その時々で他者が欲する分量によって決まるモノです。

　ゆえに、「価値」は能動的かつ主体的に生み出されるものであり、確固とした裏付けによる計測が可能です。しかし、「価格」は時々刻々と変化する需要に応じて、常に変動します。明確な「価値」の根拠をもたない価格は、必然的に流動的にならざるをえないのです。

　自らが生み出す「価値」に紐づかない暗号資産やコモディティの値動きが極端に激しくなってしまう理由、そして、コンセプトやイメージによって「価格」の優位を獲得するブランド単体の価値が低い根拠はそこにあります。

　では、ブランドが高いフランチャイズバリューをもつための条件とは何か。

　それは、そのブランドをガッチリと支える、顧客を囲い込むロイヤリティをつくりだす仕組み、「価値創造のビジネスモデル」があるかどうかです。

　たとえば、バフェットが投資したコカ・コーラですが、売り出した当初の用途は、胃もたれや神経痛に効く、というサプリメント的な製品でした。それを「米国を象徴する飲み物」という強烈なイメージに転換し、そのブランド戦略で爆発的に売れたことで有名です。

　しかし、そのブランド価値は、「習慣」による消費独占（寡占）、これは次章で説明する顧客ロイヤリティ囲い込みのポイントですが、そこにフォーカスし、強化するビジネスモデルを緻密につくりこんだ「ボトリングフランチャイズシステム」やマーケティングがあるからこそ、築き上げられたのです。

　つまり、原液の供給と製品の企画開発や広告などのマーケティング活動を行うフランチャイザーと、製品の製造・販売を行うボトラー社（フランチャイジー）で構成された仕組みによって、顧客を囲い込んでいるからこそ、高いブランド価値が企業価値につながっているといえます。

　ほかにも、たとえば、無印良品を運営する良品計画（7453）ですが、2001年に陥った巨額の赤字から蘇ることができたのは、社長として復活の指揮をとった現在の松井忠三会長が、マニュアル「MUJIGRAM（ムジグラム）」をベースとした仕組みをつくりあげたからにほかなりません。

2001年以前も、バブル崩壊の波にさらされず、「ライフスタイル型コンセプトショップ」としてノーブランドを謳うエッジの尖ったブランド力を確立していたはずの無印良品が凋落した事実は、そもそもブランドイメージだけでつくってきた参入障壁が弱い証でもあります。

　成長と同じく、「ピカピカの右肩上がりの市場には競合が群がってくる」定石のとおり、似たようなコンセプトのショップが乱立し、1980年代、1990年代にはサザビーが運営するアフタヌーンティーやフランフランなど、お洒落な雑貨を扱うブランドが続々と生まれていたからです。

　マニュアルのアプローチは、トヨタ生産方式と同じく、プロセス全体の効率化（全体最適化）が要であり、個別業務時間の短縮による作業効率化（部分最適化）ではありません。

　MUJIGRAMとは、業務手順を細かく解説したシート、合計2,000枚近い量で、「売り場づくり」「商品管理」などに分かれた12冊のリングファイルに綴じられて各店舗に保管されており、新人もベテランも常に参照して確認します。

　職人技を聖域化しない一方で、細部にこだわり、そして、業務の目的を明確化するために、あらゆる業務、売り場のディスプレイや接客だけでなく、商品開発や経営に至るまで全部マニュアル化していることが重要で、すべての仕事にはうまくいくための法則があるのです。

　それを共有知として、全社的に徹底させるベースにしていることがポイントです。

　マニュアル化によって従業員の基礎技術習得時間が短縮され、新人の成長も早まるため、全員にすべての業務を任せることもできる、これはトヨタ生産方式の「多能工化」と同じ意味をもち、繁閑の差に応じてプロセスを組み替えるマルチプロセス化も可能にするので、効率化が大きく進みます。

　この事例でもわかるとおり、高いフランチャイズバリューを創造するには、企業が経済価値創造を行うための根幹のビジネスモデルこそが大事であり、ブランドはそれを補完し強化するもの、ということです。

2－12 価値創造のビジネスモデルと顧客ロイヤリティ囲い込み

　一般的にビジネスモデルといえば、いわゆる「収益モデル」、つまり、だれに何をどのように売って収益を得るのか、という方法論を指しますが、ここで説明している「価値創造のビジネスモデル」とは、「競争優位を目的として設計・構築される仕組み」を意味します。

　競争優位とは、参入障壁と同義であり、仕組みとは、再現性と継続性を内包するストラクチャーです。要するに、2－1であげた7つのような参入障壁、これがフランチャイズバリューの源泉ですが、ビジネスモデルという仕組みが目的とするのは、この競争優位性を持続可能に、強固にしていくためにある、ということです。

　持続可能性、つまり、その優位が「継続性」をもつためには模倣を困難にするか、あるいは模倣された場合でも優位を持続できるものでなければ、フランチャイズバリューを創造し続けることはできず、意味がありません。

　もし、非常に優秀な個人がもつ勘や経験則などの判断力に依存し、毎回異なるプロセスを経て勝利に至ることができたとしても、その勝利に至るメカニズム自体を分析し、再現して仕組み化することはできないのです。

　たとえていえば、武術でいうところの技、パッケージ化された体位やダイナミズムの集合体が、ビジネスモデルです。

　柔道であれば、背負い投げや巴投げ、相撲であれば、押し出しやはたき込みなどのように、汎用性があって、異なった試合でも何度も繰り出すことができる技です。

　戦う相手の性質や力量、試合が行われる背景、等に依存する試合運びは、勝敗にとって決定的に重要ではありますが、再現性が乏しいゆえに練習の対象にはなりません。

　良品計画のMUJIGRAM、コカ・コーラのボトリングフランチャイズシステム、Qualcommのネットワーク外部性などのビジネスモデルの構築は、

参入障壁やブランド力を反復的に繰り出し、継続的に強化していくような仕組みになっているということです。

　仕組みは改善の対象となり、運用のなかで進化させることができるとともに、再現性もあるため、すみやかに展開できます。トヨタ生産方式などが典型といえるでしょう。

　そして、「競争優位を目的」とするビジネスモデルは、市場の内部において勝つための方策、戦い方を論じています。

　トヨタ生産方式やマニュアルは、業務プロセスと密接不可分ですが、日本では、市場内部における競争方法の議論が欠落しているため、さまざまな弊害をもたらしています。

　戦略論としての市場選択の理論だけは学んでも、戦略と整合性のない機能・業務プロセスを描いてしまうことが多いのは、2つを結びつけるビジネスモデル、戦う方法に対する考察や検証が欠落している影響が大きいといえます。

　たとえば、最近では「よいモノをつくれば勝てる」という日本人特有の思考が、ビジネスの弊害としてあげられることも多いですね。

　2－3で述べたとおり、世界中にあまねく日本製品が行き渡り、高品質としてブランドが浸透しているにもかかわらず、それが世界市場で勝つことにつながっているかといえば、答えは No です。つまり、それに見合う価値創造ができていないということです。

　モノづくりのバリューに関しては、高機能や最先端を追っているだけではほとんど意味がなく、成長市場での競争にも巻き込まれやすいということは、ビジネスモデル、つまり、戦い方、勝ち方を掘り下げる思考がなければ、価値創造には結びつきにくいのです。

　だからこそ、米国などはデファクト化や好循環といった仕組み化で先行し、その仕組みをブラッシュアップするマネジメントを行っているために、価値創造力が高いのです。

　仕組みは個人の技量に依存せず、また多数の人を全体として同じ目的のために連動させるため、個人戦の集合よりも戦いのスコープが大きく、ゆえに

本質的に強いですが、これは、特に欧米の場合、多民族という阿吽のコミュニケーションが効かない環境で事業を行わざるをえず、明確なミッション体系で確実に結果を出さねばならない厳しさからの帰結ともいえます。

　つまり、日本もグローバルに進出して戦うのであれば、同じような思考・アプローチに変革していく必要があるということです。

　グローバル競争において、日本とは異なる思考の多数の競合に対して勝つ、優位に立つためには、売り方を含む戦い方を問題にするビジネスモデルを真剣に考えねばなりません。

　ただ、たとえビジネスモデルを緻密に、念入りに設計しても、それが機能する、つまり価値創造につながるためには、ダイナミズムによって現在の状態から望ましい状態へ転換がなされる必要があります。価値創造のビジネスモデルが、好循環を起こすトリガー（引き鉄）を必要とするのです。

　ビジネスモデルがダイナミズムを起こすために必須なトリガー、それは、「顧客ロイヤリティの囲い込み」です。

　ブルース・グリーンウォルドなどコロンビア大学ビジネススクール教授陣による共著『Value Investing[16]』のなかに、顧客ロイヤリティを囲い込んで強化する３つのポイントがあげられていますが、これらのポイントがあるビジネスモデルは非常に強くなり、持続可能性が高くなります。

POINT　　顧客ロイヤリティ囲い込み

① 当初提供した商品に特性やサービスを付け加えることで「スイッチングコスト」を引き上げる
② 仕組みによって購買頻度を高め、「習慣」づけを強固にする
③ 提供サービスの範囲を広げるとともに複雑化し、顧客満足度を上げることで「サーチコスト」を引き上げる

２－３で説明したとおり、特に、①の特性やサービスが、顧客にとっての

16　Bruce C. N. Greenwald,Judd Kahn,Paul D. Sonkin, Michael van Biema 『Value Investing: From Graham to Buffett and Beyond』（Wiley Finance、2001年）。

不（不都合、不便、不満など）や非（非効率、非合理など）の解消をもたらす場合は、より「スイッチング（乗り換え）」コストは高くなります。

　たとえば、アニコムホールディングス（8715）が取り扱っているペット保険は、典型的なストック型ビジネスですが、窓口精算の導入によってスイッチングコストを引き上げたことが、ニッチトップシェアの獲得につながりました。

　従来のペット保険は、全額自己負担で治療をした後に、書面で保険金の支払請求を行い、後から振り込んでもらう、それだけ顧客に負担と手間、入金までの時間と機会の損失を与えていたわけです。

　しかし、アニコムの保険では、われわれの公的保険と同じように、動物病院の窓口で会計の時に保険証を提示すれば、自己負担分のみの支払い、即時精算ができるように変えたのです。

　当然、後追いで模倣する競合も現れています。しかし、早い段階で、患者情報から会計管理まで対応できるカルテ管理専用システム「アニコムレセプター」を90％以上の動物病院に一気呵成に導入し、アニコム保険対応とさせたため、事実上のデファクトスタンダード化を確立し、高いシェアを維持しています。

　この窓口精算システムは、動物病院にとっても、作業効率の向上・事務コストの削減になり、病院側のメリットも提供できている、つまり、ステークホルダーすべてに WinWin の仕組みであるため、スイッチングコストを格段に上げるような多層の仕組み化になっています。

　もう１つ、③の代表的な事例としては、グローバルニッチトップの代表企業でもあるシスメックス（6869）があげられます。

　検体検査領域、要するに健康診断や人間ドックの精密検査で受ける臨床検査で、血液や尿などを採取して調べるための機器や検査用試薬を開発・製造・販売している企業です。海外売上比率が８割以上と圧倒的で、世界190以上の国や地域で製品・サービスを展開しています。

　最も強い検査分野は、血球計数検査で、グローバルシェア約５割のトップですが、その他、尿検査と血液凝固検査でも、やはり世界全体で２〜３割の

図表10　シスメックスのビジネスモデル

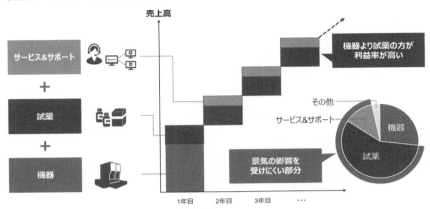

（出所）　シスメックス株式会社より資料提供

トップシェアを確保しています。

　検体検査領域全体では、生化学検査や免疫検査、病理検査などをあわせ、世界7位（同社推定）ですが、これらの機器とともに、試薬、ソフトウエアをワンストップで提供できることが大きな強みになっており、バフェットがジレットを選んだ理由にヒゲ剃りとセットの替刃という組合せがあったように、検査機器というフローの販売が、必ず専用試薬やサポートサービスというストック型の売上げにつながる、これこそが顧客ロイヤリティを囲い込む「サーチコスト」の引上げです。

　試薬や保守サポートが比例的に倍増するということは、利益率の高い消耗品の比率が高くなっていく構造であることも意味しており、サーチコストの引上げによって、高いバリューを安定的に享受できる仕組みが築かれているのです（**図表10**参照）。

　2－2で取り上げた「規模の経済性」は、説明したとおり「資本力」のモノサシでは競争優位性は大きく低下していますが、ビジネスモデルのなかでは戦略として有効となります。

　その代表例が「対象市場定義型」モデルで、マイケル・E・ポーターの主張する市場の選択とポジショニングにフォーカスして戦略を立てるアプローチですが、ビジネスモデルとしては、その対象市場で戦い方を掘り下げていく、ダイナミズムを起こすためのさまざまな施策を、複層的に仕掛けていくことです。

　このモデルがフランチャイズバリューにつながる理由は、価値創造の仕組みを潜在的な需要にフォーカスし、先行的に優位を確立しやすくなること、つまり、経営資源をその対象が感じる「不」や「非」に対するソリューション提供に集中して好循環をつくりだすことで、知見を先行的に収集しやすくなります。

　そのソリューションとして事例をあげると、たとえば、介護予防や健康促進のための体操教室、と自社ビジネスを位置づけてフォーカスしているカーブスホールディングス（7085）では、目的に対応してサポートができるインストラクター人材と、対象年齢層の筋力向上・維持にあわせた器具やプログラムです。また、キューピーネットホールディングス（6571）が展開するQBハウスでは、「10分の身だしなみ」を打ち出し、要望を的確に把握しながら短時間で髪を切ることのみにフォーカスするために、1日8時間で半年間、つくりこんだカットマニュアルで研修を受けたスタイリスト人材を、店にすぐに出しても客を迷わせずにカウンセリングできるように育て上げることなどもあげられます。

　さらに、両社ともに、こうしたアセットの質を継続的にアップし、経営ノウハウを積み上げることで、参入障壁として高い「経験曲線」にもしています。

　だからこそ、このモデルでは、特に既存プレーヤーに反撃される前に、当該市場を一気に占領するような急速な展開を行うことが望ましいのです。

　高稼働率で一気呵成に対象市場を席巻することで、「規模の経済」による生産コスト優位が生じ、同時に、製品・サービス提供の経験を積むことで、さらなるコスト優位を獲得する、それが、技術習得による品質向上と経験曲線の加速度的な上昇につながります。

既存事業者からシェアを奪ってしまえば、逆に既存競合が次第に量をつくらないことによる「経験不足」に陥り、さらに市場を明け渡すという、参入側の好循環、既存側の悪循環を起こしやすくなります。

　要するに、「規模の経済」で、積極的にダイナミズムを起こしていく戦い方が望ましいモデルということです。

第 3 章

投資家が知るべき
ファイナンス理論の基本

3−1　ファイナンスの観点からみた キャッシュ・フロー（CF）計算書

　バリュー投資と企業価値の理解には、ファイナンス理論の基本の習得が不可欠です。第1章でも少々触れてはいますが、ここからは、さらに、投資家が押さえるべきポイントをあげて、順に解説していきます。

　1−6でCF計算書の基本について説明しましたが、これも、ファイナンスの観点からみた場合は、価値算定に深く関係する「企業の事業ステージ（サイクル）」との整合性検証が必要になります。

　企業には、導入期、成長期、成熟期、衰退期と、大別すると4つの事業サイクルがあり、それぞれのステージによってキャッシュ・フローの動きが違います。

　この事業サイクルの考え方は、配当や自社株買いなどの株主還元策、そしてD/E比率などにもかかわってきますが、これについては、また追って詳述します。

　各ステージのキャッシュ・フローの動きをみていきます。

　まず企業の初期である導入期には、投資が先行しますから、投資CFはマイナスです。まだ投資が価値創造に結びつけられていない段階ですから、営業CFもマイナスの場合が多いです。そのマイナス分を補うための資金調達が必要なので、財務CFは反対にプラスになります。

　では成長期はどうでしょうか。投資する対象があり、成長余地がある、ということは、投資CFはマイナスになり、一方で価値創造に成長の勢いがついてきますから、営業CFはプラスになります。財務CFは、稼ぎの範囲であれば負債の返済なども行われますからマイナスです。もっと戦略的な投資を積極化していれば、プラスになる場合もあります。

　成熟期になると、投資対象がなくなってくる時期に入りますので、投資CFはプラスになります。営業CFは、価値創造が行えていればプラスが続いているはずです。そして財務CFは、配当や自社株買いの株主還元を積極

図表11　事業ステージ（サイクル）とキャッシュ・フローの動き

	導入期	成長期	成熟期	衰退期
営業 CF	－が多い	＋が多い	＋が多い	－が多い
投資 CF	－が多い	－が多い	＋が多い	＋が多い
財務 CF	＋が多い	＋／－	－が多い	－が多い

（出所）　筆者作成

化する時期に入りますし、さらに財務体質改善などを進めれば、マイナスが大きくなります。

　最後の衰退期は、投資 CF はプラス、営業 CF がマイナスに転じ、財務 CF もマイナス、です（**図表11参照**）。

　企業の事業サイクルとキャッシュ・フローの関係、事業の将来性や戦略を見定め、企業が置かれている状況とキャッシュ・フロー・マネジメントの整合性を見極めること、CF 計算書によって動態分析ができることが非常に重要です。

3−2 調達——自己資本か他人資本か

　第1章で説明したとおり、「調達」「投資」「分配」という企業の事業活動にまつわる資金の流れ、経営者としての意思決定にかかわる財務的な方法論がファイナンス理論であり、その活動の意思決定すべての目的こそが、企業価値の最大化です。

　1−7では、ROE の計算式は「税引き後当期純利益÷株主資本」であるため、分母には債権者からの調達分が入っておらず、ゆえに、借金が多い企業は分母が小さくなり、必然的に ROE が大きくなってしまうが、ただし、企業の資金調達として借金（有利子負債）は最も資本コストが低く、優位性の高い手段で税効果もあるので、借金が多いからダメではなく、むしろ日本企業は、無借金などをありがたがらずに、積極的に使うべき、と説明しました。

　資金調達は企業の経営戦略の肝ですから、D/E 比率（Debt Equity 比率）というレバレッジの議論が、経営の巧拙の評価にとって重要なポイントです。

例題　D/E 比率

　たとえば、ある企業が5億円の資金調達に、次の2つの調達方法を考えています（**図表12**参照）。

①　1株100万円の新株を500株発行

②　発行株式数を250株にし、残りの2億5,000万円を金利10％の負債で調達

　仮に、この企業の営業利益が、不況時は2,000万円、普通で1億円、好況時に2億円だったとすると、それぞれの数値は次のようになります。ここでは、負債の節税効果は無視しています。

　「負債あり」では、特に不況期や好況期、つまり業績のボラティリティが

図表12　資金調達比較

① (単位：千円)

（負債なし）			
景況	不況	普通	好況
営業利益	20,000	100,000	200,000
支払金利	0	0	0
当期利益	20,000	100,000	200,000
ROE	4 %	20%	40%

資産	500,000
負債	0
株主資本	500,000
金利	0
発行済株式数	500

② (単位：千円)

（負債あり）			
景況	不況	普通	好況
営業利益	20,000	100,000	200,000
支払金利	25,000	25,000	25,000
当期利益	−5,000	75,000	175,000
ROE	− 2 %	30%	70%

資産	500,000
負債	250,000
株主資本	250,000
金利	10%
発行済株式数	250

（出所）　筆者作成

大きくなっている時期は ROE の変動が大きくなっていることがわかります。そして、特に好況期のときに負債比率を高くすれば、株主に帰属する利益率である ROE が高まることが確認できます。

これは、逆にいえば、他人資本の調達分を考慮しない ROE ではなく、ROIC で真の「投下資本に対して、効率的に本業によって利益をあげているか」を確認せねばならないことが明確にわかる結果であるともいえるでしょう。

ここで、前述の例題では無視した節税効果を考慮した MM 理論（モディリアーニ・ミラー理論）の 3 つの命題を確認します。

POINT ❯ **MM 理論（モディリアーニ・ミラー理論）の 3 つの命題**

① 法人税の存在がなければ、他人資本と自己資本の構成比率は企業価値に影響を及ぼさない

② 法人税が存在すれば、他人資本の割合が高くなるにつれて節税効果が働き、企業価値が高まる

③ ②に従って他人資本を増大させても、次第に倒産リスクが増え、ある一定の限度を超えると企業価値は減少する。その限度が、他人資本と自己資本の組合せをバランスさせる「最適資本構成」となる

この定理を導き出したマートン・ミラーとフランコ・モディリアーニはともにノーベル経済学賞を受賞しましたが、こうやってみてみると、至極当然のことをいっているだけのようにも感じます。

まず、①で述べた「税金も取引コストも発生しない完全資本市場」は現実には存在しえません。それゆえに、②では、「企業は借入れをすればするほど、企業価値を高めることになる」といっている。これが**図表12**で確認できた結果です。

それでは、企業はすべて負債で調達すべきなのか、という問いに対して

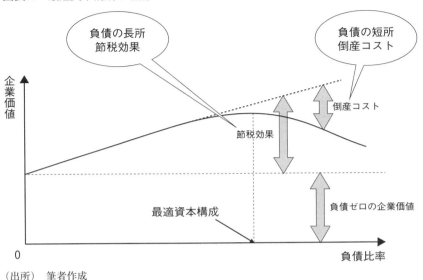

図表13　最適資本構成の理論

負債の長所
節税効果

負債の短所
倒産コスト

企業価値

倒産コスト

節税効果

最適資本構成

負債ゼロの企業価値

0

負債比率

（出所）　筆者作成

は、③で、やみくもに負債を増やしたからといって、企業価値が高まるわけ
ではなく、負債を増やしすぎると、今度は倒産するリスクが高まると回答し
ています。

　実は、負債を増やしすぎると、倒産した場合に生じる財務破綻コストの現
在価値分だけ、企業価値が低くなってしまうのです。財務破綻コストには、破
産前や破産手続中に掛かる弁護士や会計士への報酬、機会費用も含まれます。

　企業が倒産の危機にさらされた場合、経営者は前向きな投資案件に時間を
割くことなどできなくなります。つまり、適正な投資機会を失うというコス
ト（機会コスト）が発生しているのです。

　また、たとえ企業価値を高めるような投資機会があっても、信用リスクも
高まっていますから、新たに資金調達することはむずかしいでしょう。債権
者や株主以外の利害関係者、顧客、取引先、従業員などへの悪影響もありま
す。

　要は、負債による節税効果と、負債過大による財務破綻コストを天秤にか

ける必要性、トレードオフがあるということです。

　従来から、ファイナンスの世界では、企業価値を高めるための最適資本構成を算出する方法を模索していますが、CAPM同様に明確なものは出ておらず、基本的に「実務での試行錯誤に委ねられる」としています。

　最適な資本構成を考えるグラフをみてください（**図表13参照**）。

　グラフにあるとおり、はじめは負債を増やしていくとWACCが下がり、企業価値は上がります。

　実は、この間も負債の増加により、財務リスクが増加し、株主資本コストは上昇しています。ところが、まだ負債の利用によるコスト削減効果のほうが、株主資本コストの上昇分よりも大きいので、両者の加重平均である資本コストは低下を続けるのです。

　そして、負債が増えすぎると格付けが下がります。その結果、負債コストが上がります。同時に、財務リスクが増大するために、株主のリスク認識も高まります。結果的に株主資本コストも上がります。

　つまり、**図表12**の場合でも、実は、株主も財務リスクを負担していることになりますから、そのため、不況期のROEに対するマイナスの影響が、「負債なし」に比べて大きくなっているのです。

　WACCが最低になる最適資本構成は、負債増加による平均資本コスト削減効果と、負債コストおよび株主資本コストの上昇効果が、同じになったところです。

　ここまでがMM理論の命題についての説明ですが、実はこの理論も「現実離れ」した前提に基づいて、企業の行動を論じています。

　業績がよい企業であっても、借入れを増やせば節税効果が働くからといって、具体的な投資案件がないままに銀行から借りまくることはありえませんし、調達方法を選ぶ理由、つまり、経営の意思決定は、この後に詳述していくような「諸々の理由」に依存します。

　ただ、資本構成について考える際に、この企業はグラフのどの辺りに位置しているのかを考えておく必要がありますし、企業がファイナンス理論の概念をもって調達を行えているのかを判断する1つの材料にもなります。

対立する株主と債権者が調達の意思決定に影響する

その調達に影響する「諸々の理由」の1つは、調達先である株主と債権者に利害対立が存在することです。

1—7で取り上げた「株主資本コストと負債資本コストのリスクはどちらが高いか」の議論は、結果として「どちらの利率が高くなるか」を問うていますから、当然ですが、株主資本コストのほうが高くなります。負債には株主よりも優先してキャッシュ・フローの請求権があるからです。ただし、請求できる上限は利息（＋元本）で決まっています。

一方で、株主は残余利益に対する請求の上限はありません。このため、高い要求リターンを求め、経営に影響を及ぼしやすいのです。

これは、安定的に利息を求める債権者との利害対立であり、「所有と経営の分離」が強いるエージェンシーコスト、といわれます。

「プリンシパル（主体）が、エージェント（他の主体）に対して、なんらかの対価を支払うことにより、業務を委託する」場合、これを企業と株主の関係で考えれば、プリンシパル（企業の所有者）である株主が、自らの資産（企業）の実際の運用（経営）を、エージェント（経営者）に任せることに該当し、この業務委託によって生ずるさまざまなコストを「エージェンシーコスト」と呼びます。

1つ、投資の案件事例をあげてみましょう。

例題　エージェンシーコスト

企業が、あるプロジェクトへの投資を考えたとき、そのNPV（正味現在価値）が、5％の確率で9,000万円、95％の確率でマイナス1,000万円だったとします。

その場合、このプロジェクトの期待NPVは、

9,000万円×5％＋（−1,000万円）×95％＝−500万円

ですから、当然却下されます。

　ところが、この企業は1年後に3,000万円の負債の返済が迫っており、現在の資産が2,000万円しかないという状況だとすると、株主にとっては、もし成功すれば資産が1億1,000万円に増加し、それを債権者3,000万円、株主8,000万円に分けることになります。

　もし失敗した場合、株主の取り分はゼロになりますが、債権者の取り分も2,000万円に、マイナス1,000万円になってしまいます。

　この場合の「株主にとっての」期待NPVは、

8,000万円×5％＋0万円×95％＝400万円

なのです。

　株主と債権者の立場の違いによって、期待NPVが異なるということです。

　さらに、こうした企業価値を毀損する行動は、この例題のように、企業が倒産の危機にあるようなときに起きやすいのです。

　あらためて、この事例でもわかるとおり、株主は業績の上下（企業価値の創造または破壊）の影響を、ダイレクトに受けることになります。

　たとえば、ある企業の資本構成が、Debt 9割、Equity 1割（レバレッジ10倍）の場合、企業価値が10％上昇すれば、その影響はすべて株主にもたらされ、株主はその資本に対し100％（倍）のリターンを得ることができます。

　逆に、企業価値が10％下落すれば、その影響はすべて株主が吸収しなければならず、株主はその資本に対して100％の損失（ゼロ）となります。レバレッジを効かせれば効かせるほど、自己資本部分（株主資本部分）のリスクもリターンも上昇するということです。

　企業価値の上下は、基本的に自己資本（株主）が吸収しますから、企業価値の上下が激しいと予測される場合（事業リスクが高い場合）、レバレッジを効かせない（Equity比率の高い資金調達をする）ことが大切です。

　一方で、事業リスクが低く、リターンも期待できないが、倒産の可能性も

低い場合、または低い時期、要するに、リスクを選好する Equity 提供者にとってはつまらないが、Debt 提供者にとっては安全な投資先の場合は、Debt の比率を上昇させるべきなのです。

　つまり、事業ステージによる「最適 D/E 比率」の基準は、次のとおりです。

POINT　事業ステージによる「最適 D/E 比率」の基準

導入期…Ｅ＞Ｄ（または、資本レバレッジを効かせない）

成長期…Ｅ＞Ｄ（資本レバレッジは、あまり効かせないほうがよい）

成熟期…Ｅ≒Ｄ（資本レバレッジを適度に効かせる）

衰退期…Ｅ＜Ｄ（資本レバレッジを効かせても OK）

　日本企業では、多くの場合、Debt が少なすぎますから、株主価値に対して時価総額が低い（割安な）場合、社債などを発行し（有利子負債による資金調達）、それを原資に「自社株買い」を行うべきなのです。これによって、投下資本総額に変動を与えず、D/E 比率の最適化が実現でき、資本コストの低減が可能になります。

　これも、米国では、一般的に使われるオペレーションですが、ファイナンス知識をもつ経営者が少ない日本ではあまり考慮されることがありません。この点においても、当該企業の経営の巧拙を判断することができるでしょう。

　事例でわかるとおり、企業の経営があまりよくない状況になると、債権者と株主に利害対立が生まれやすくなります。

　そのような状況も想定し、債権者は当然、直接・間接のコスト分を念頭に置いて、企業側に高めの金利を要求してくるはずです。そこで株主は、負債資本コストを下げるために、しばしば債権者と契約を結びます。

　こうした契約を、財務制限条項（コベナンツ）といいます。簡単にいえば、「私（株主）はそんな悪いことを考えていないから安心してください。一筆入れるので、金利のほうは何卒、配慮願います」

という覚書になるのです。

　コベナンツには、「企業活動を制限、あるいは禁止する」次のような条項が含まれます。

コベナンツにおける企業活動を制限・禁止する条項の例

①　ある一定以上の配当金額を支払ってはいけない（配当制限条項）

②　他の債権者に、いかなる資産も担保提供してはいけない（担保提供制限条項）

③　ある一定以上の純資産の額を維持しなくてはならない（純資産維持条項）

　こうした財務制限条項は、企業活動の柔軟性を減らしますが、結果的には、エージェンシーコスト、つまりこの場合は負債コスト引下げによって、企業価値を高めると考えられます。

●もう一段の深掘り＆余談 No.12

　2020年現在、日本の金利は過去に例をみない低水準になっており、短期〜中期の国債の利回りもマイナスです。

　このため、βが高め、つまり株主のリスク認識が高くなっていることで、株主資本コストが上昇している企業が、負債の割合を増やすことで、加重平均の資本コストをかなり引き下げられている事例も見受けられます。

　資本コストの引下げ自体は、経営の意思決定として正しいですが、最適資本構成を考えた場合は、正しいとも間違っているともいえません。

　要するに、現状では、負債資本コストが株主資本コストよりも理論的に低い（リスクが高い分、企業業績の変動の影響を受けるのは、債権者ではなく株主）から、という本来の理由よりも、単に現在の金利水準が低い影響のほうが大きくなっているということです。

　もちろん、MM理論にもあるとおり、負債資本を増やすことで節税効果の現在価値分だけ、企業価値が高まりますから、この優位性も享受はできているはずです。

しかし一方で、負債がない場合、株主の直面するリスクは、事業リスクのみです。事業リスクとは、企業の将来生み出すFCFのバラツキですが、これに負債が加わる（レバレッジをかける）ことにより、FCFのバラツキが増すことになります。

　端的にいえば、よいときはすごくよいが、悪いときはすごく悪い、ということになるのです。レバレッジをかける（負債が加わる）ことで、株主は、事業リスクに加えて、財務リスクを負担することになるからです。

　これが、業績変動が比較的小さい企業の場合は、資本レバレッジを効かせることによって、株主のリスク・リターンを向上させることが合理的であり、その逆に、業績変動の比較的大きな企業の場合は、資本レバレッジを抑え、株主のリスク・リターンを過大にしないような適正資本バランスが必要、としている理由です。

3-4 市場の思惑が調達の意思決定に影響する

たとえば、ある企業が株式を発行して資金調達を検討しており、現在の株価が1,000円だったとします。

もし、この企業の適正な株価を1,200円と判断していれば、株式発行を止めるはずです。いくら資金が必要だとしても、1,200円の価値がある株式を1,000円で売るなど、馬鹿げているということです。よって、過小評価されている場合、新株発行はできないはずです。

一方で、もし株価が1,400円であれば、喜んで発行するでしょう。本来1,200円の価値しかない株式が1,400円で購入されれば、既存の株主のために1株当り200円儲けることができます。

このことがわかるのは、情報の非対称性があるからです。自社の内情については当然、経営者がいちばんよく知っているはずです。

しかし、投資家も馬鹿ではありませんから、経営者のほうが自社のことをよく知っているだろうと考えます。つまり、

「会社が新株を発行するのならば、株価は過大評価されているに違いない。もし株式ではなく債券で調達するなら、株価は過小評価されているに違いない」

と考えるはずで、新株を発行すれば「売り」、債券で調達すれば「買い」と判断されてしまう可能性が高いということです。ゆえに、会社がとるべき調達方法は、債券発行になってしまうのです。

このように、企業が株価への影響を考慮して、資金調達を行う順番を決めることを、ペッキングオーダー理論、といいます。

「企業が資金調達を必要とするときは、まず、内部資金を利用し、外部資金調達が必要な場合は、最も安全な証券から発行すべきである」というものです。

つまり、ペッキングオーダー理論による資金調達の順番は、①内部留保、

②銀行借入れ、③普通社債、④転換社債、⑤普通株式、になります。これには「最適資本構成」という考え方は存在しません。

　企業は資金調達の必要性に応じて、まず内部資金に手をつけ、足りない場合は負債で調達し、それでも、どうしても間に合わない場合は株式を発行する、したがって、企業の現在の資本構成は、あくまでも、現在までにどれだけの外部資金を必要としたかの累積額を反映しているにすぎない、というわけです。

　その結果、利益をあげている業績のよい企業のほうが、内部資金が潤沢で負債が少ない企業になりがち、というMM理論の示唆と反対の傾向になるのです。

　このような情報の非対称性により、経営者は、むやみに外部調達に頼ることができなくなります。企業が株式を発行することは、その株価が割高であると経営者が考えている「シグナル」になってしまいますし、社債発行に頼ろうにも、財務リスクを考えれば、簡単に増やすわけにはいきません。

　結局、「あらかじめ余分な資金をもっておこう」という考えに行き着きやすくなり、「財務スラック（財務上の余裕）」として、企業が現金や売却可能な有価証券を手元にもっておこうとする行動に結びつきがちです。

　しかし、余剰資金をもちすぎるとROICは下がります。貯め込む行為は企業価値にとっては、明らかにマイナスであり、経営判断を緩ませる原因にもなります。

　ちなみに、ペッキングオーダーの①である内部留保、そもそも設備投資に使う内部資金とは、財務諸表でみた場合、どこにあるのか。

　しばしば問題にされる内部留保ですが、そんな勘定科目はどこにも存在しません。B/Sの純資産の部にある株主資本のなかの科目、利益剰余金と、その他の包括利益累計額を合計したもので、単に企業の資金調達方法を意味する言葉です。

　利益剰余金は、当期純利益から株主への分配分を引いた当期未処分利益、この設立以来からの過年度すべての累積額であり、会計上の数字ですから、実際のキャッシュ残高とは大きく異なっています。

基本的には、ここから設備投資が資本支出として毎年使われて、実際に差し引かれているのですが、その分が（減価償却として、複数年に分けてP/L上で振り返られ、調整されていきますが）直接に帳簿上差し引かれるわけではないので、記載されている数字はどちらにしても有名無実です。

●もう一段の深掘り＆余談 ─────── No.13

　最適資本構成は、負債利用による法人税の節税効果と、倒産費用効果のトレードオフにより決定されるため、トレードオフ理論とも呼ばれ、ペッキングオーダー理論と２つが、相対するアプローチのように議論され、実証研究も行われているようです。

　しかし、企業の資金調達は、時宜やニーズに応じて、その２つの間でバランスをとりながら決められている、というのが実態でしょう。

　ペッキングオーダー理論によれば、企業の成熟度が増し、収益性が高くなると、内部で資金調達ができるため、社債や株式による資金調達が不要になるという単純な理由でレバレッジが低くなっていくとされますが、それに対する決定的かつ実証的な証拠はありません。

　ただ、たとえば、ROICも高く、フリーキャッシュ・フロー創出能力も高い、非常に優良な某上場企業は、資本コストの低減を期待する株主からも負債資本の活用を提案されることが多いそうですが、無借金を貫いています。

　もちろん、手元流動性は約６カ月、流動比率は約700%にもなっていますので、手元資金は潤沢ではありますが、なぜ、内部資金による調達にこだわるのかと聞くと、投資の決断においては、機動性・自由度こそが第一であるからと答えています。

　巷間批判の的になりやすい「内部留保」、もとい現預金については、その半分以上が資本金1,000万〜１億円未満の中小企業が「貯め込んでいる」という事実も鑑みるに、ペッキングオーダーを選ぶ事情は、それぞれの企業でかなり異なります。

投資──リスク認識こそが資本コストの概念

「調達」の次は「投資」です。われわれ投資家にとっての投資ではなく、企業が行う投資、設備や研究開発、M&A なども含まれます。しかし、その意思決定における考え方は基本的に同じです。

「調達」コストよりも高い将来フリーキャッシュ・フローが得られない「投資」は、成長分野であろうと、社会的意義の高い事業であろうと、価値を生み出せてはいないのです。

そして、価値を創造できていなければ、社会にとって真の貢献にはならず、企業であれ、事業であれ、存在意義はありません。

投資におけるコストに最も影響が大きいものが、リスク認識です。

ここで、1－7で説明したエコノミックプロフィットの計算式をあらためてみてみましょう。

計算式　EVA（経済的付加価値）

EVA＝（ROIC －資本コスト）×投下資本総額

式でわかるとおり、カッコ内のスプレッドがマイナス、つまり、ROIC より資本コストが高い、あるいは、資本コストより ROIC が低いというふうにも換言できますが、その場合、マイナスの掛け算になってしまうため、企業価値はマイナスになります。

資本（調達）コストよりも高い ROIC をあげられなければ、成長があっても価値が目減りしていくという意味であり、基本的な経営状態を判断するうえで、非常に重要なポイントです。

1－4で、リスクとは、投資やファイナンスの世界では、「予想することのできない不確実性」と定義される、と説明しました。同じく、1－8で、ファイナンスでは「投資家はリスクが高くなればなるほど、高いリターンを

求める」が原則であるといいました。

　あらためて、ファイナンスにおけるリスクについて、身近な事例で説明します。

　たとえば、昔からの友人や信頼できる相手から、

「いま100万円もらえる権利か、1年後に105万円もらえる権利か、どちらがよいか」と問われた場合、どうするか。

　後者は、「100万円を5％で1年間貸し付ける」という意味です。低金利時代の5％は、かなり魅力的なレートでもあり、何よりも前提として「信頼できる」という因数がありますから、後者を選ぶ場合が多いのではないかと推察できます。

　逆にあまり親しくもない、あるいは過去の言動が信頼できないような相手から同じことを問われれば、「リスクをとらずに」、いま確実にもらえる100万円を選ぶでしょう。

　しかし、これが130万円だったら、いや150万円だったら、あえて「リスクをとる」かも知れません。

　これは、「100万円を30％もしくは50％で1年間貸し付ける」という意味ですから、「親しくない、信頼できない」相手であっても、金利が高ければ「リスクをとって」選んでもよいのではないか、と考える可能性があり、この30％や50％こそが、資本コストの説明にある投資家の「要求期待収益率」であり、「機会費用」です。

　「リスク認識が高くなれば、期待収益率が高くなる」の大原則は、資本コスト（割引率）でもまったく同じですから、高い収益率を望む投機家が多いような株式の現在価値は毀損され、低くなりやすいということです。

　だからこそ、バリュー投資のアプローチでは、徹底的に企業の価値を分析することにより、適正な期待収益率水準を理解し要求する、すなわち、**図表**1で示したように、企業とWinWinの関係を築き、将来価値創造が最大限に行われるような投資行動をとります。

　それは、より多くの企業にまつわる情報（因数）を認識することで、価値創造のできる企業かどうかの確度が高くなり、信頼できると確信して投資す

るため、リスク認識が低くなるからです。企業にとって、いかに投資家との対話（IR）が重要か、という証左でもあります。

　日本で「万年割安」に放置される銘柄が多い要因の1つは、適正水準の価格形成に果たす役割、つまりIRの不足、があげられます。投資家とのコミュニケーション不足ということです。

　上場して資金を出して（価値を提供して）もらいながら、株主と対話をしない企業は、そもそもリスク認識が高くなってしまうことで、自社の企業価値を毀損しているのです。当然、その分株価もディスカウントされざるをえないわけです。

●もう一段の深掘り＆余談 ──────────── No.14

　事例でもわかるとおり、資本コスト（割引率）は、各自それぞれの投資対象に対するリスク認識によって、決定されるということです。したがって、そもそも正解は存在しません。

　そして、企業のIRの第一の役割は、公正な価値評価を受けるために、いかに投資家のリスク認識を低減させるか、ということです。決して株価対策（のための配当や自社株買い）などではないのです。

　3－5で述べたとおり、バリュー投資も企業における投資も、基本のアプローチはまったく同じですから、実際の投資判断は、まず、投資プロジェクトから生み出されるフリーキャッシュ・フローを予測し、予測値を現在価値に割り戻し、その計算結果が基準を満たしていれば投資を行い、満たしていなければ投資を見送る、という手順を踏んで決定されます。

　「現在価値に割り戻す」についても、1－9で説明した時間価値調整と考え方は変わりません。ただ、企業がプロジェクトなどに投資する場合の算定では、時間価値調整の方法として、しばしば年金現価（現在価値）係数が使われます。

　現価係数というのは、現在価値の係数という意味ですから、将来価値を現在価値に変換するときに使いますが、ポイントは年金、つまり、毎年一定の金額を一定期間支払い続ける金融商品の現在価値、を計算するときに使う係数が必要になるのです。

　例をあげて計算してみましょう。

　まず、割引率5％で、1万円の2年後の割引現在価値は、次のようになります。

$$\frac{1万円}{(1+0.05)^2} = 9,070円$$

これを1単位で考えた場合、

$$\frac{1}{(1+0.05)^2} = 0.9070$$

上記のようになり、これが「割引率5％、2年後」の「現価係数」です。
この現価係数を使って、1万円の場合は、次のように計算します。

　1万円×0.9070＝9,070円

　これを、3年間にわたって1万円をもらい続ける場合の割引現在価値、と

いう年金型金融商品にした場合、現在価値を求める計算式は、次のようになります。

$$\frac{1\,万円}{(1+0.05)}+\frac{1\,万円}{(1+0.05)^2}+\frac{1\,万円}{(1+0.05)^3}$$

この式を1万円で括り出した場合、

$$1\,万円 \times \left\{ \frac{1}{(1+0.05)}+\frac{1}{(1+0.05)^2}+\frac{1}{(1+0.05)^3} \right\}$$

｛　｝内が、「割引率5％、3年間」の年金現価係数です。

｛　｝内の一つひとつは、

$1 \div (1+0.05) = 0.9524$　　→5％、1年後の現価係数

$1 \div (1+0.05)^2 = 0.9070$　　→5％、2年後の現価係数

$1 \div (1+0.05)^3 = 0.8638$　　→5％、3年後の現価係数

であり、すべて足し合わせると、2.7232となるので、次のように計算できます。

$1\,万円 \times 2.7232 = 27,232$円

インターネットで検索すると、年金現価係数表というものがありますが、これは複数年を足し上げるのが面倒なので、あらかじめ計算した一覧表を利用するためにあります。

3—7 企業における投資判断の手順
——投資判断指標

　事業やプロジェクトにおける投資判断指標にはいくつかありますが、その代表的なものが、NPV（Net Present Value：正味現在価値）です。

　プロジェクトへの投資とは、「プロジェクトが将来生み出すであろうキャッシュ・フローを購入する」という意味ですから、判断基準は、将来のフリーキャッシュ・フローを現在価値より低い価格で買えれば、よい買い物、逆に、高い価格で買えば、悪い買い物です。

　そのために、「あるプロジェクトが、将来生み出すキャッシュ・フローの現在価値（キャッシュインフローの現在価値）と、そのプロジェクトに必要な投資額の現在価値（キャッシュアウトフローの現在価値）を比較」します。この「キャッシュインフローの現在価値」から、「キャッシュアウトフローの現在価値」を引く方法がNPVです。

　投資基準としては、NPVの場合、数値ゼロ（企業価値が不変）が最低限度、それ以上になれば投資すべき、それ以下であれば投資を却下と判断します。

　そのほかに、代表的な投資判断指標には、IRR（Internal Rate of Return：内部収益率）もあります。

　これも実はNPVをベースに考えますが、意味するところは、「NPVがゼロになる割引率」のことです。

　つまり、「価値と価格が均衡する割引率」です。よってIRRの計算式は次のようになります。

計 算 式　　IRR（内部収益率）

$$IRR = \frac{COF（初期投資額）}{※基本マイナス} + \frac{毎期のCIF}{(1+IRR)} + \frac{毎期のCIF}{(1+IRR)^2}$$

$$+\frac{毎期の\ \mathrm{CIF}}{(1+\mathrm{IRR})^3}\cdots\cdots=0$$

（COF＝キャッシュアウトフロー/CIF＝キャッシュインフロー）

　簡単な計算式ではありませんが、エクセルの IRR 関数を使えば、すぐに答えを求められます。IRR ＞割引率であれば、NPV はプラスであり、逆ならばマイナスになります。

　計算式で求められた IRR が、あらかじめ最低限必要として設定されている割引率（ハードルレート）より大きければプロジェクトに投資すべき、小さければ却下すべき、イコールであれば企業価値は不変ということです。

　これは、まさに企業価値分析における ROIC と WACC の関係と同じです。いくつか事例をみてみましょう。

例題　IRR

　A と B というプロジェクトがあり、どちらの初期投資額も1,000、1年目から5年目までに生み出される CF が、それぞれ次のとおりとすると、IRR はこの表のとおり、A ＝6.91％、B ＝7.99％になるので、B に投資すべき、という判断になります（**図表14**参照）。

　キャッシュアウトフローとインフローをすべて足し合わせれば、どちらも250で同じです。これを同じ条件で、割引率5％の NPV を計算すると、次のとおりになります（**図表15**参照）。

　この場合も、A ＝61.27、B ＝83.10ですから、B に投資すべき、という判

図表14　IRR

	0	1	2	3	4	5	IRR
A	−1,000	150	200	250	300	350	6.91%
B	−1,000	400	100	150	300	300	7.99%

（出所）　筆者作成

図表15　NPV

	0	1	2	3	4	5	NPV
A	−1,000	142.86	181.41	215.96	246.81	274.23	61.27
B	−1,000	380.95	90.70	129.58	246.81	235.06	83.10

（出所）　筆者作成

図表16　割引率が異なる場合の NPV

	0	1	2	3	4	5	NPV
A	−1,000	145.63	188.52	228.79	266.55	301.91	131.39
B	−1,000	373.83	87.34	122.44	228.87	213.90	26.38

（出所）　筆者作成

断になります。

　同じ割引率であれば、IRR でも、NPV でも、プロジェクトのBを選択する結果になりました。

　ただし、もしこのAとBの割引率（調達コスト）が異なり、3％と7％であればどうなるでしょうか。

　答えはまったく逆になり、Aに投資すべき、となります（**図表16**参照）。

　Bが選ばれたのは、あくまでもリスクの度合い（割引率）が同じ場合です。リスクが高ければ割引率も高くなりますから、スプレッドも小さくなってしまいます。

　今度はもう1つ違う例でみてみましょう。資本コストは同じく両方5％ですが、投資期間が2年、Aは初期投資額が100、生み出される CF は、1年目も2年目も80、Bが初期投資額1,000で、同様に1年目も2年目も CF が700とします。

　この事例では、算定結果は NPV と IRR で逆になってしまいます（**図表17**参照）。

　実は、IRR では、規模の異なる2つの投資案を比較する場合、規模を無視してしまうため、誤判定を下すおそれがあります。

図表17　初期投資額と生み出されるキャッシュ・フローが異なる場合の NPV と
　　　　IRR

	0	1	2	NPV	IRR
A	−100	80	80	48.75	37.98%
B	−1,000	700	700	301.59	25.69%

（出所）　筆者作成

図表18　NPV と IRR の関係図

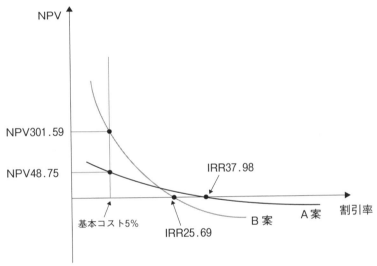

（出所）　筆者作成

　IRR はあくまでもリターン（収益率）を求めるものです。企業のゴールは
リターンを高めることではなく、割引率（リスク）を反映させた企業価値を
高めることです。よって、この場合も、IRR が高いプロジェクトではなく、
NPV の絶対額が大きいプロジェクトを選択しなければなりません。

　図表17をグラフにするとこのようになります（**図表18**参照）。

　IRR の弱点としては、次の点があげられます。

① プロジェクトの規模（金額）を反映しない。

② CF の符合（＋−）の変化によって、複数の解が存在する場合や、まったく解が存在しない場合がある。

　　たとえば、トータルではプラスのキャッシュ・フローになる場合でも、期の途中でマイナスキャッシュ・フローが出ると計算できなくなる。

③ プロジェクト期間中の割引率の変化に対応できない。

　　割引率を反映させられないので、期の途中で資本コストが変わると対応できなくなる。

この NPV と IRR の関係は、バリュー投資家が企業に投資する際の DCF と ROIC の考え方と似ています。ROIC（IRR）が高いことは必要ですが、最終的な投資はバリュエーションによって FCF の成長率（DCF）または NPV をみなければ、最終的な投資判断はできないということです。

●もう一段の深掘り＆余談 ──────────────── No.15

　IRR はほかにも、「再投資を前提にしている」ことや「投資が延期された場合の対応」に関して問題があります。

　前者は、キャッシュ・フローが早期に生まれるプロジェクトの場合、計算上、プロジェクト期間中に得られるキャッシュ・フローが必ず同率で再投資できると想定してしまうことから、結果的に投資利回りが過大に算出されやすくなり、後者は、プロジェクトの稼働が遅れてしまったとき、当然企業には機会損失が発生しますが、NPV ではその影響を組み込んで算定できる一方、IRR ではその影響を反映させることができません。

　あくまでも IRR は、価値創出力を測る目安ということです。

3－8 非現金支出が企業価値に与える影響

　設備投資を考える場合、セットになるのは減価償却です。企業価値のベースとなるフリーキャッシュ・フローの算定でも、実際には、キャッシュアウトされていない会計上の調整項目ですから、足し戻さねばなりません。

　そもそも減価償却は、業績のブレを極力排除する、損益を平準化するために、その設備が使えると想定されている年数（耐用年数）で、費用を按分して計上するという会計の原則に沿った計上ルールではありますが、法人税額に影響を与えるため、結果として、最終的な企業価値が変わります。

　単純化した事例でみてみましょう。

例題　減価償却費が企業価値に与える影響

　売上高が100で販管費が50の企業（法人税は40％）で、減価償却費10がない場合とある場合を比べると、**図表19**のように違いがあります。

図表19　減価償却費の影響

	減価償却無	減価償却有
売上高	100	100
（−）販管費	50	50
（−）減価償却	—	10
税引き前利益	50	40
（−）法人税※	20	16
税引き後利益	30	24
（＋）減価償却	—	10
営業CF	30	34

※40％　　　　　　　　　　　　　　　　　（出所）　筆者作成

税引き前の利益では、減価償却が控除されたほうが低くなりますが、ここで税金が関係してきます。実際の現金支出はなくても、会計上の減価償却は課税額に影響を及ぼすため、実際の現金支出は減価償却有のほうが低くなり、償却費を足し戻した営業CFが高くなります。

　そのために、一度費用として計上して課税額を控除した後に、非現金支出を足し戻す、という手順を踏む必要があるわけです。フリーキャッシュ・フローの計算式が、NOPAT（税引き後営業利益）から始まる根拠でもあります。

●もう一段の深掘り＆余談 ───────── No.16

　P/L上での減価償却費、つまり費用化した科目が計上される場所は、製造にかかわるものは売上原価に含まれます。つまり、工場や機械などの減価償却費の大半は原価に入ります。

　一方、本社ビルや店舗の建物、そのなかの設備の減価償却費は、販売費および一般管理費に含まれます。

　非現金支出には、ほかにもたとえば、資産除去債務も有形固定資産に関連する科目で、除去、つまり、使い終わった後の処分のことです。

　定期借地権のような原状回復に関する費用も含めて、想定される資産の撤去や解体に係る費用を見積もり、その見積額を現在価値に換算した金額で計上します。P/Lへの計上は、減価償却と同じ区分になります。

　償却には、IFRSで話題ののれん（Amortization）もあり、日本基準においては、のれんを20年以内に毎期均等に償却しますが、これは販管費に計上されます。価値がなくなったために減損として処理する場合は、特別損失です。

　IFRSでは、のれんは償却せずに毎期減損テストを実施しますので、毎期の利益に与える影響はないですが、一時に多額に損失が発生する可能性があり、純資産は維持できますが、爆弾を抱えているともいえます。

　引当金は、売掛債権が回収不能になった場合など、貸倒れ損失のリスクに前もってセーフティネットをかけておくために一つひとつの債権ごとにリスク認識、回収可能性、貸倒れリスクに応じた一定比率を積んでおくものです。

P/L 上では、引当金繰入額という科目で特別損益に計上されています。英語では Allowance が B/S 上の引当金、Provision が P/L 上の引当金繰入額です。

　B/S のほうで Reserve を使う場合もありますが、Allowance は評価性、つまり売掛金など回収不能になりそうなものに割り当てる引当金、Reserve は負債性、つまり、退職金や賞与など、負債性のある勘定科目に対して割り当てる引当金です。

　ほかにも、税効果会計とは、基本的に会計上の利益（税引き前の当期純利益）と税務上の所得が異なるため、実際に納付する法人税等の額と、税引き前当期純利益に税率を乗じた額、つまり帳簿上の額には差が生まれますが、これを繰延税金資産（Deferred Tax Assets）や同負債（Liabilities）というかたちの、一時差異にして B/S に計上するものです。P/L 上では法人税等調整額として計上されています。

　つまり、こうした実際にはキャッシュの出入りがない数字も含めて、特に最終的な当期純利益は、実際のキャッシュの実額である価値と大きく離れていますから、これだけをみても、当期純利益をベースに計算された経営指標が、信頼に足るものとは言いがたいことがわかります。

3-9 　企業は何のために設備投資を行うのか

　そもそも、設備投資は、どのような場合に決定されるのか、これは、企業が何を目的に投資を行うか、によって大きく5つに類型化することができます。

　能力拡張投資と製品改良投資は、どちらも売上収入を増やすことを直接の目的としています。この場合は、需要量と生産可能量のギャップを考えて決断します。

　需要量が生産可能量より大きければ、つまり、製品のニーズが高ければ、生産可能量を増大させる必要があり、設備の特性能力そのものを拡張する、その投資が能力拡張投資です。

　新製品の製造や既存製品の増産のために工場を拡張したり、新たに設備を導入したりしますから、売上収入の増加見通しとともに、運転費用や原材料費など費用支出が増えます。

　製品改良投資は、逆に生産可能量のほうが需要量より大きいため、より市場のニーズにマッチした製品に改良・改善することで需要を刺激し、販売促進を図るための投資です。デザインやパッケージの変更、流通経路の整備などの投資もあります。

　ともに、より多く売るための投資ですから、カギになるのはどれだけ売れ

るのか、市場の状況や需要動向を掴んで的確に予測することがポイントです。

　労働力や原材料やエネルギーなど、生産に必要な要素の投入量と、生産量の関係を原単位といいますが、合理化投資は、製品の原単位を変化させて、一定量の製品を製造するときの生産要素の消費量を節減する、つまり、一定量の資源を投入した場合の生産量を増大させる、生産性の向上が目的です。たとえば、原材料の歩留まりを改善させたり、不良品発生率を引き下げたり、省力化・省エネルギー化などもこれに分類されます。

　更新投資は、設備の性能劣化や、稼働能力低下に伴う追加的な運転費用や、増加する維持修繕費などに対処するための投資で、故障や点検・整備、いわゆるメンテナンスのために設備を停止する頻度が増える状態になってきた場合に行うので、定期的に必ず発生せざるをえない投資といえます。

　防衛投資は、事業を円滑に行うため、「防衛」のために行う投資です。たとえば、環境保全や安全防災などを怠れば、行政命令などで営業停止処分になったり、事故が発生したり、あるいは、福利厚生施設などが不備であれば、従業員の士気や意欲が低下し、営業に支障をきたしたりします。こうした事態を避ける、防衛するための投資です。要するに、間接的に「機会損失」が生じないように行う投資ということです。

投資判断に不可欠な経済性工学的考察

企業の投資は、なんらかの不具合を改善して、収率を引き上げるために行われます。なんらかの不具合とは、キャパシティ不足、需要不足、あるいは、不良品を出したり、原材料の減損が生じたり、などで損失が生じるわけですが、この損失は「失敗のコスト」と呼ばれます。

実は、この失敗のコストのアプローチは、エリヤフ・ゴールドラット著『ザ・ゴール[17]』で説かれている TOC（Theory Of Constraints：制約理論）と同じ考え方です。

TOC とは、ボトルネックに対応することで、最終的なキャッシュアウトフローを最大化するための理論なのです。

投資が採算に乗るかどうか、つまり投資が価値創造につながるかどうかを正しく判定するためには、失敗のコストを正しく測定する必要があります。

これから2つのストーリー、どちらも、宮俊一郎著『企業の設備投資決定[18]』で取り上げている事例から紐解き、失敗のコストを測定する方法を紹介します。

例題　蕎麦屋でみる損失と失敗のコスト

まず、最初のストーリーですが、蕎麦屋の繁盛店Aと閑散店Bが隣接して営業しており、両店とも同規模、1杯の平均単価は600円、材料費が200円、その他の人件費も固定費も、すべてA店、B店同じとします。

ある日、A店で客に出す蕎麦を店員がひっくり返してしまい、急いでつく

17　エリヤフ・ゴールドラット『ザ・ゴール―企業の究極の目的とは何か』（ダイヤモンド社、2001年）。

18　宮俊一郎『企業の設備投資決定―考え方の枠組みと実践化の手だて』（有斐閣、2005年）。

り直して出しました。その日の来客は400人で、400人目の客に蕎麦を出した
ところで売り切れてしまいます。仕方なく早仕舞いしようとしたところに、
401人目の客が来店しましたが、断って帰ってもらいました。

　実はその日、B店も同じように店員が蕎麦をひっくり返し、1杯つくり直
しました。こちらの客数は120人、残った材料は翌日使うために冷蔵庫に入
れて閉店します。

　さて、それぞれの店の損失、失敗のコストはいくらになるでしょうか。

　この場合、失敗のコストは、店員が蕎麦をひっくり返したことで生じてい
るため、失敗がなかった場合の利益と比較をします。

　A店で生じたのは、401人目に出せたはずの売上げ600円です。失敗してつ
くり直ししているので、材料代は401杯分で変わらず、調理場のコストも固
定費も変わりません。

　B店の場合は、逆に1杯分の材料費200円が損失です。なぜなら、本当は
120杯分の材料ですんでいたはずが、121杯分つくらなければならなかった
からです。

　同じ前提で、もう一例を考えます。

　今度は、両方の店で注文を聞きに行くのが遅くなり、客が怒って帰ってし
まったとします。この場合は、まだどちらもつくっていませんから、材料費
はムダになっていませんね。

　その日も、A店では400杯出して売り切れになり、B店では120杯売れて材
料を翌日に持ち越しました。さて、この場合の失敗のコストは、いくらで
しょうか。

　まずBの場合は、「あったはずの売上げ」、そしてそこから生まれる付加価
値、つまり、売値から材料費（変動費）を差し引いた400円、限界利益です。

　一方のA店の場合ですが、そもそも怒って帰った客の分を足し入れると
401杯になってしまいます。つまり、売れていたとすれば、前の例と同じ
く、最後の客は断らなければならなかった、単なるタイミングの問題だけで
すから、損失はゼロです。

　注目すべきは、ここで必要なのは、変動費の分だけということです。これ

がコスト会計との違いです。

　要するに、1杯当りの人件費や諸経費などは、固定費を販売数量で割り振って計算する会計上のルールによる「フィクション」の値ですから、売れなかったからといって支出がなくなるわけではありません。

　どちらにしても必要な支出なので、振り返って考慮する必要はないのです。

　ここでみるべき経済性とは、これから先の意思決定を考えるための考察であり、まさにファイナンスの時間軸である将来にあわせているのです。

　では、最初のストーリーをふまえて、2つ目は、実際の企業の設備投資決定をみていきます。

例 題　設備投資の経済性

　ある企業の工場で製造している製品、その販売価格は1本400円で、製造コストは次のとおりです。

原材料費	190円／本
変動加工費	30円／本
固定加工費	480万円／月

　加工量のうち、10％仕損じ、つまり不良品が生じ、その不良品は最終工程近くの検査段階で検出されます。つまり、仕損じ品についても変動加工費がかかるということです。

　不良品は修復や再利用ができず、廃棄処分です。その廃棄コストは不良品の変動加工費に含まれているとします。

　そこで、検討したところ、6,000万円の設備投資を行えば、不良品の発生率を4％に低下させられることが判明しました。

その設備の耐用年数は6年、定額法で減価償却します。6年後の処分収入は、80万円、実効税率は40%、資金の要求利回り（資本コスト）は10%です。

　工場の設備運転可能時間が月間200時間で、この製品は、1時間に425本加工できるので、設備能力から計算した加工可能量は、425本×200時間ですから、月産は8万5,000本です。

　現状では、月間8万5,000本の加工をして、販売可能な良品の完成量が7万6,500本、よって、月間販売量も7万6,500本です。

　しかし、この製品については、1年のうち4カ月は、需要が7万2,000本しかありません。そのため、この時期の完成量は、7万2,000本になるよう、不良率を見込んで加工量を8万本に調整しています。

　残りの8カ月は、1カ月当りの需要が8万2,000本以上あり、フル操業しても追い付かない状態です。

　今後6年間の状況を考えて、不良率引下げのための投資を実施した場合、どれだけの効果があるでしょうか。

　蕎麦屋の話と比較して、相当に複雑な事例と思われるかもしれませんが、これは、2店の繁盛店・閑散店を、1工場の繁忙期・閑散期に置き換えた話になっただけなのです。

　一つひとつ紐解いてみていきましょう。

　最も重要なポイントは、設備投資によって、現在の10%の不良率が4%の不良率に減ることです。

　需要が月に7万2,000本しかない閑散期、不良品発生率が10%であれば、必要な月間の加工量は8万本ですが、4%であれば、5,000本減らして、7万5,000本に引き下げられます。

　つまり、

　　$80,000 \times (1-0.1) = 72,000 \Rightarrow 75,000 \times (1-0.04) = 72,000$

となります。

　ここでコストにかかわる、つまり「浮いたお金」になるのが、原材料費と変動加工費です。

　　　原材料費＝190円×5,000本＝950,000円

$$変動加工費 = 30円 \times 5,000本 = 150,000円$$

$$\overline{合計（浮いたお金）= 1,100,000円}$$

合計で110万円です。よって、税引き後の現金収支は、

$$税引き後の現金収支 = 1,100,000円 \times (1 - 40\%) = 660,000円$$

です。次に需要が8万2,000本以上ある繁忙月について考えます。能力いっぱいの生産量は8万5,000本ですが、不良率が10％から4％になると、

$$85,000 \times (1 - 0.1) = 76,500本 \ ➡ \ 85,000 \times (1 - 0.04) = 81,600本$$

増えるのは、売上高5,100本分ですから、

$$売上高の増加分 = 400円 \times 5,100本 = 204万円 ／ 月$$

です。よって、税引き後の収支（実効税率40％）は、次のようになります。

$$2,040,000円 \times (1 - 0.4) = 1,224,000円$$

仕損じ品にも材料費・変動加工費がかかっていたわけですから、コストは変わりません。

では、最終の事業価値分析として、キャッシュ・フローをみましょう。閑散の手余り期間4カ月、繁忙のフル操業期間8カ月、のそれぞれについて、不良品発生率引下げ効果を合計しますが、その前に設備投資の減価償却による減税効果を計算します。

設備投資は6,000万円、残存価額は取得原価の1円、設備の耐用年数が6年で定額法ですから、計算は、

$$6,000万円 ÷ 6年 = 1,000万円 ／ 年$$

最後の年だけ999万9,999円ですが、

$$1,000万円 \times 40\% = 400万円$$

を計算して四捨五入で同じとします。

1年間に創出される税引き後キャッシュ・フローの増加を合計すると、

$$660,000円 \times 4カ月 + 1,224,000円 \times 8カ月 + 4,000,000円 = 16,432,000円$$

これで、6年間毎年、1,643万2,000円の正味収支増加が得られることがわかりました。

6年後には設備処分によって80万円の処分収支が生じます。

そして最後に、キャッシュ・フロー合計の現在価値を計算します。

1,643万2,000円は年間の税引き後キャッシュ・フローですから、10％の割引率で6年間毎年、と考えるので、年金現価係数を使います。

　16,432,000円×4.35526（10％、6年の年金現価係数）＝71,565,632円

　次に80万円の処分収支、これは継続ではなく、6年後1回のみなので、現価係数を使います。

　現価係数（6年後1回）＝1÷（1＋10％）^{6}＝0.56447

　処分収支＝800,000円×0.56447＝451,576円

　両方を足したものから、設備投資額を引き、この投資の正味現在価値を計算します。

　正味現在価値＝71,565,632円＋451,576円－60,000,000円＝12,017,208円

NPVがプラスになりましたから、投資する決定になるでしょう。

　"真っ当な企業であれば"、投資がもたらす価値について、このような丁寧な検討がなされているはず、ということです。

●もう一段の深掘り＆余談 　　　　　　　　　　　　　　　No.17

　従来の「償却限度額」は、「取得価額－残存価額」という計算式で導かれていました。この「残存価額」とは、一般的に減価償却資産の廃棄に至ったときにスクラップなどにして売却して回収できる金額（価額）のことをいいます。

　2007年度の税制改正で、諸外国（残存価額ゼロ）とのバランスを考え、残存価額が廃止されましたが、2007年3月31日以前に取得した減価償却資産については、償却可能限度額（95％）まで償却した事業年度等の翌事業年度以後5年間で1円（備忘価額）まで均等償却できることになりました。

3–11 投資で生み出されるキャッシュ・フロー予測に必要な概念

　企業が設備やプロジェクト、そしてM&Aなどの投資決定を行う際、それによって生み出されるキャッシュ・フローを予測しますが、その予測にあたって必要な概念について説明します。

　まず、第一がサンクコスト（sunk cost）、これは埋没費用という意味で、すでに支払ってしまったコスト、一度投資してしまった費用のことです。

　地方創生関連の案件や、いわゆるお役所仕事には、これに絡め取られてしまっているケースが非常に多く見受けられますが、サンクコストを今後の回収に換算してはいけないのです。

　たとえば、5,000円で買ったコンサートの前売り券を忘れて会場に行ったときに、当日券を6,000円で売っていたら、買うか買わないか（投資するかしないか）、これを判断する際に、すでに払った5,000円のコストを考えてはいけません。

　そのコンサートが7,000円の価値があると思えば迷わずに買う、5,000円の価値しかないと思えば買わない、判断の基準はそれだけです。

　もう1つの機会コスト（opportunity cost）、同じリスクレベルの別の投資機会から得られるはずの収益のことで、ある事業を実施することによって別の事業機会を失うような場合、失ったほうの事業機会から得られる収益のことを指します。似たような法律上の概念では、逸失利益といいます。

　この2つの概念が組み合わさった馬鹿げた事例が、「かんぽの宿一括売却案件の白紙撤回」です。

　旧郵政省役人の天下り先にもされ、全体で毎年年間40億円の赤字を出していた「かんぽの宿事業（＋首都圏の社宅9件）」を、2009年にすべて一括、バルクセールでオリックス不動産に約109億円で売却することが決定した際、当時の鳩山邦夫総務大臣によるダメ出しで凍結、撤回されてしまった一件です。

2,400億円の建設費という国民の血税を注いできた施設を、「たった100億足らず」で売るのは許されぬ、という理屈ですが、これこそ、まさにサンクコストに絡め取られた意見であり、このような不良債権を、雇用も含めて100億円も出して引き受けて再生しようなど、むしろオリックスにとっては、社会的な意義をふまえてリスクをとったディールだったでしょう。

　このような事業再生案件の場合は特に、サンクコストはいっさい考えるべきではないのです。検証し比較すべきは、109億円のキャッシュアウトフローに対して、今後得られると予測されるキャッシュインフローだけです。

　オリックスが取得して、民間の知恵と経営力で新しく蘇らせ、得ることのできた収入、この機会コストを無視し、国益を毀損する道を選んだといえるでしょう。

　実際、それ以降の同事業は毎年営業損失を計上し続け、当時70か所あった施設も53カ所まで減少、それらも、2019年12月には11カ所の営業終了が決まり、残り42カ所も、売却を検討中で、10年経ち、最悪の選択をしたことがあらためて明らかになっています。

　明治時代にも「開拓使官有物払い下げ事件」で、同様に北海道の開拓を遅らせましたし、震災後の復興にもそこかしこにそうした事例はあります。

　このような事例をみるにつけ、「価値と価格」を冷静に比較することがいかに重要かを広く伝え理解してもらいたいと強く願っています。

　第二の概念は、特にM&Aで取り上げられることが多いですが、シナジー効果です。相乗効果と訳され、1経済主体が他の主体とあわさることにより、単体以上の効果、企業の場合は、プラスのキャッシュ・フローをもたらすことです。

　たとえば、ショッピングモールのプロジェクトで、なかに映画館をつくる計画があったとします。映画館の設備投資にかなりコストがかかることが判明し、映画館の収入を考慮したNPVがマイナスになってしまった、そのときにプロジェクトは却下にすべきか。

　ここで考慮せねばならないのが、シナジー効果です。映画を観に来た人たちが、帰りにショッピングモールに寄って買い物をする、そこで増える

キャッシュ・フローも検証せねばならないということです。

　シナジーによって企業価値増大に成功した事例が、パーク24（4666）です。

　同社が運営する時間貸し駐車場タイムズは、それまでは営業時間が午前9時～午後8時くらい、1時間400～600円前後の料金が標準だった既存の有人管理駐車場に対し、無人管理で24時間営業に、料金は15分100円程度に、と徹底して使い勝手のよさ、手軽さを追求して事業を拡大させた企業ですが、タイムズでつくりこんだネットワークをさらに新たな事業領域へ展開するため、2009年にカーシェアリングサービスをスタートしました。

　このカーシェアリングに参入する際、マツダレンタカーを買収したのですが、このM&Aで、パーク24には、同ビジネスに必要な会員と駐車場という既存のアセットがあり、マツダレンタカーがもつ車両というアセットとの組合せによりシナジー創造をねらったもので、一気に黒字化を達成しました。

　このようにシナジー効果が発現された理由は、パーク24が有するネットワーク・システムのTONICにより、稼働率が低い空きスペースが利用できる駐車場を選んだり、場所のニーズにあわせ、車種やサイズ、色など最適な車を置いたりと、きめ細かい対応ができたからで、その分析に即応できる車両アセットを最大限に活用できた、その仕組みが構築されていたからです。

　このM&Aの前には、マツダレンタカーも独自でカーシェアリングを運営していましたが、駐車場の数が少なく、会員数も少なかったため、大きく展開することができていませんでした。まさに、ないものを補完し合うことで展開が広がる組合せだったのです。

　そもそもパーク24の既存事業では、駐車場における周辺施設との関係でも、最大限にシナジー効果を発揮して事業を行ってきました。駐車場をもっていない施設がパーク24と提携したときに、その施設自体の利用者を最大限に増やすことで、両社の利益に相乗効果となるやり方です。

　たとえば、タイムズ駐車場マップ付きのフリーペーパーを紙とネットワーク両方で発行し、タッチパネル式の情報端末タイムズタワーをコンビニやスーパーなどの店内にも設置していますが、そこで提携駐車場の割引クーポ

ンやチケットなどを掲載しています。

　さらに、提携する駐車場の付帯施設や近隣店舗の情報も表示し、同じく
クーポンなども掲載することで、利用者、および消費の増加に大きく貢献し
ているのです。

　パーク24が提供するプラットフォームでビジネスを展開するレイヤーの価
値を、相互で活用し合い、価値増大できる理由は、2−12で説明した「顧客
ロイヤリティを強化する3つのポイント」、たとえば、「スイッチングコス
ト」を引き上げるための特性やサービスの添加、「サーチコスト」を引き上
げるための提供サービスの拡充や複雑化を、エコシステムのレイヤー同士で
補完し合うことができるからです。

　シナジーについて留意すべきことは、単純に同業他社でスケールメリット
を追うものは、シナジーではありませんし、たとえば、地域や顧客に補完性
があったとしても、「1＋1＝2」の組合せにシナジーはないという点です。

　第三の概念は、カニバリゼーションです。共食いという意味で、自社の新
規チャネルが既存チャネルを侵食することです。

　特に近年頻繁に見受けられるケースは、オムニチャネル、つまり、ECサ
イトと店舗を同時所有することによる「共食い」でしょう。もともとの需要
総量が低調なことに切り込まない限りは、単にリーチを増やしても意味があ
りません。不振の百貨店などが典型です。

　特に、リアル店舗を所有する企業のECサイトに関しては、安易にネット
ショッピング需要が足し算になるとの皮算用からスタートしたものの、その
使い勝手や品ぞろえ、フォロー体制のつくりこみができていない場合が多
く、むしろオペレーションコストが嵩んで、バリューチェーンにも負荷がか
かり、顧客ロイヤリティを毀損する要因になりがちです。

　一方で、たとえば、The Home Depot、全米一、つまりは世界一のホーム
センターですが、ここが展開するオムニチャネルはカニバリゼーションどこ
ろか、双方がシナジーとして価値創造に大きく貢献し合う存在となっていま
す。

　同社の平均的な店舗は、屋内で約3,000坪、天井高10メートルの巨大倉庫

図表20　The Home Depot の店舗内

（出所）　The Home Depot ホームページ

店に、広大なガーデンスペース600〜700坪、という巨大な面積で、北米中心に、2019年12月末時点で2,291店展開しています。

　建材のような大型の商品が多いため、店舗在庫は約5万点、対するオンライン在庫は約70万点、2010〜2015年の間に、Eコマース専用の巨大な物流センターを矢継ぎ早にオープンさせ、圧倒的な品ぞろえを拡充しています。

　しかし、同社の場合、ネットで注文して店舗でピックアップするBOPIS（Buy Online Pick Up In Store）が、ネット注文全体の約半分となっており、店舗の重要性が非常に高い商材であることが明確にわかります。店で受け取ることでスピードや利便性を上げるだけでなく、店舗での購買につながるO2O（Online to Offline）として、オムニチャネル展開の相乗効果になっているので、既存店売上げも右肩上がりに推移しています。

　BOPISを可能にするネットワークは、IoTで接続されたシステムにより、ホームページ、もしくはスマホアプリで顧客が探している商品や注文した商品が、どの店舗に何個あるのか、店舗のなかに陳列されている場所も表示されます。

　顧客からの問合せを減らすことで業務の効率化を図るためで、顧客が確認して店舗を訪れ商品を購入すると、その直後に店舗在庫の数が減ります。顧

客がレジを通過すると、ほぼリアルタイムで店舗の在庫管理システムに反映され、共有されるのです。

店頭に在庫がない商品に関してはフルフィルメントセンターから配送されますが、オンラインで提供されている70万アイテムの9割を2日間で配送します。

このように、いかに利便性を上げ、顧客にとっての「不」を解消できるかを考え尽くした戦略を提供し、そのうえで、サプライチェーン、ロジスティクスを緻密に構築しているからこそ、カニバリゼーションなどに陥ることもなく、むしろフランチャイズバリュー創造につなげていることがよく理解できます。

カニバリゼーションについては、たとえば、セブン&アイ・ホールディングス（3382）など、コンビニ各社が行っているドミナント戦略、集中出店は、あえてカニバリゼーションを甘受し、配送効率やスーパーバイザーの巡回などにとっての利便性を重視したもので、これもサプライチェーンやロジスティクスを考慮した戦略ではあります。

しかし、フランチャイズ店舗との WinWin ではない、むしろ犠牲のうえに成り立っている点で、価値創造力は低いといわざるをえません。

こうした経営戦略やビジネスモデルの要素を一つひとつ検証していく、という作業が、投資判断には必要だということです。

●もう一段の深掘り＆余談 ──────── No.18

たとえば、工具界のアマゾンとも呼ばれる工業用間接資材や交換部品、切削工具などを扱う EC の MonotaRO（3064）は、シナジーの最大化や機会損失の極小化を常に意識した戦略で、企業価値増大にレバレッジをかけ続けている企業です。

親会社の米国グレンジャーは世界最大の間接資材商社で、基本的に大企業向け一括購買提供が中心の卸ですから、中小企業向け比率が高い MonotaRO とは補完関係にはありました。

とはいえ、グレンジャーは、むしろ MonotaRO のようなカテゴリーキ

ラーに「追い込まれる」旧態依然の側であり、たとえば、M&A における典型的な目的「時間を買う」組合せとは到底評価できなかったでしょう（M&Aについては第4章）。

　しかし、古い顧客基盤に安穏として業績も株価も低迷していたグレンジャーに MonotaRO が提案したのは、中小企業市場開拓のための子会社設立、そこに MonotaRO から人もノウハウも提供することでした。

　その子会社 Zoro は、わずか2年で黒字化したため、MonotaRO には2013年から経営指導料のロイヤリティ収入も入るようになり、さらにその後もグレンジャーの業績を大きく引き上げて2桁成長を続け、既存のビジネス、企業の体質そのものを改革する契機にもなり、高いシナジーを創造しているのです。

　さらに、大企業向けビジネス（購買管理システム事業）として、自社開発システム MonotaRO One Source Lite による集中購買サービスという新たなチャネルをスタートし、こちらも毎期2桁成長を続けています。変化の振れ幅を最大化して相互シナジーを創造したのです（**図表21**参照）。

図表21　MonotaRO の売上げ・登録口座数推移

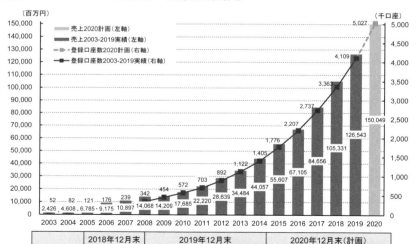

	2018年12月末	2019年12月末		2020年12月末（計画）	
登録口座数	3,363,711	4,109,701	+745,990 （対2018年12月末）	5,027,701	+918,000 （対2019年12月末）

（出所）　株式会社 MonotaRO「2019年12月期 決算発表」

3−12 配当は企業価値の先食い

「調達」「投資」、と順番に説明してきましたので、最後に「分配」の話です。

1−8で説明したとおり、企業が支払うべきコストのうち、負債資本コストである利息に対して、株主資本コストは、株価の上昇によるキャピタルゲイン、そして配当や自社株買いなどの株主還元です。

そして、この株主資本コストの支払方、というのが、事業サイクルや設備投資の判断、ROICや資本コストの概念に密接につながってきます。

理論的にはまったくオカシな話ですが、「短期的には」増配を発表すると、株価が上昇することが多いです。しかし、理論的に考えれば、配当は株主価値を下落させます。

お金の時間軸、現在価値で説明した事例で考えてみましょう。

年利が5％の場合、時間価値が加わった100万円は1年後に105万円になるはずです。ただし、それは、当然ですが、口座の資金を、いっさい引き出さない、という前提が必要です。

この100万円をさらにもう1年置いておくとすれば、$100 \times (1 + 5\%)^2$で、2年後には約110万円になりますが、増えた5万円を、引き出して（配当）しまえば、5万円は使えるものの、さらに1年経っても、また105万円になるだけです。つまり、複利の効果が得られなくなるということです。

企業の株主価値の一部を取り崩す配当で、株主は配当という現金を受け取るかわりに、株主価値は下落します。

株価は、債権者への取り分を差し引いた株主価値に中長期で収束していくわけですが、株主還元は、まさに算定した将来価値の先食いにほかなりません。

そのために、**図表1**で示したとおり、短期的に高配当をねらうようなアク

ティビストの存在は、株主価値を大きく毀損するのです。特に、企業の実態にあわない高配当を継続する企業の株価は、長期では必ず下落します。

　配当は、企業価値の一部を現金として株主が取り出す行為で、かつ、必ず課税される配当は、株式を売却して利益確定のときだけ課税されるキャピタルゲインに比較して、かなり「非合理なペイアウト」でもあります。ゆえに、「株主を含むステークホルダーのためにも」、企業のキャッシュの使い道としては、最後の選択にすべきものです。

　将来にわたって成長性のバリューを引き上げていく、要するに、さらなる企業の価値創造によって株主価値増大を期待するために、何よりも企業が最初に選択すべきなのは設備や研究開発、M&Aなどの投資であり、ROIC以上の利回りを得られる新規投資対象を最優先にせねばならないのです。

　ここで留意すべきは、投資は最優先ですが、その対象から得られる将来キャッシュ・フローの利回りは、最低でも資本コスト以上でなければならない、ということです。そうでなければEVA（経済的付加価値）が下がってしまいます。

　3－1のキャッシュ・フロー計算書で確認した事業ステージでいえば、成熟期以降に入り、フリーキャッシュ・フローの再投資先が見つけられないとき、はじめて、配当や有利子負債の返済、自社株買いなどで、株主還元をせざるをえないことになるのです。

　逆に、投資先がなく、稼いだキャッシュを事業に投下せず、株主還元もせずに、流動資産を単に留保するのは経営の怠慢です。そのときは、資本を株主に返して、「企業価値の一部を現金として株主が先食いする」ことで、その株主を通じて、他の利回りのよい投資対象に回してもらい、社会全体の価値を増大してもらうべきなのです。

　なぜなら、企業には社会全体で価値を創造することを考え、資本の機会損失を回避する義務があるからです。それは社会で好循環をつくりだし、回り回って当該企業が利益を得る機会として戻ってくる、「情けは人のためならず」です。

　一方で、導入期や成長期の企業であれば、キャッシュ・フローは、再投資

による「複利効果」を得られる事業に振り向けるほうが、株主利益の最大化、という主目的のうえで、ずっと合理的です。

　そして、資本コストを上回る利回りが得られる再投資対象を見つけることが困難な成熟期以降の企業であれば、キャッシュ・フローを株主還元するほうが合理的になりえますが、ただし、その場合でも、株価が企業価値に対して相当に割安であれば、配当ではなく、課税のない自社株買いによる株主還元のほうが合理的です。自社株買いについては、次章で説明します。

　企業の成長期に配当や自社株買いを行う経営者、あるいは、企業の成熟期以降に余剰資金を株主に還元しない経営者、どちらも経営的には稚拙といえます。

　バフェットの経営するバークシャー・ハザウェイも、いっさい配当を行いません。正確にいえば、1960年からパートナーシップのファンドをスタートして以来、1967年に一度だけ1株当り10セントの配当を出したことがありますが、それすら後悔していると述べているとおり、50年以上の間、投資対象がある限り、株主に現金を還元するのではなく、再投資によって企業価値を高める、というファイナンスの原則に徹しています。

　そして、その方針に対し、毎年の株主総会で「今年も配当を出しません」と宣言するたびに、出席する株主達は、拍手喝采するのです。

3-13 自社株買いで「価値と価格の交換」の理解度を測る

　自社株買いも、企業価値の先食いであることは、配当と同じです。

　そもそも自社株買いとは何でしょうか。

　自社株買いとは、

　「自社株買いに応じて株式を手放す既存株主の株主価値を、自社株買いに応じず株式を保有する既存株主（企業含む）が、時価で買い受ける行為」です。

　配当と同じく勘違いも多いようですが、自社株買いによって得られた金庫株を消却しようがしまいが、株主価値に変動はありません。既存株主が間接的に保有しているにすぎませんから。

　自社株買いの原資は余剰のフリーキャッシュ・フローであり、企業自身の株を買うキャッシュは、企業価値の一部ですから、それを放出した分、企業価値は減少します。

　一方で、市場価格で株式を、企業自身を含む既存株主が手に入れるわけですから、**図表22**が成立します。

　つまり、自社株買いとは資本コスト以上の投資先がなく、かつ「株価≦1株当り株主価値」の条件が成立していたときに実施されるべきオペレーションということです。

　すべての経済的取引において、経営者も投資家も「価値と価格の交換」という視点で考える訓練をせねばならない、ということに尽きるのです。

　自社株買いについては、株主還元だけではなく、金庫株をM&A（合併・買収）の対価として活用する場合もあり、また、ストックオプションのかたちで、企業が役員や従業員に対して、一定の価格で自社株を購入できる権利を付与することもあります。オプションが行使されたときにすみやかに対応できるように、あらかじめ自社株を手当しておく必要があり、行使されるまで、権利だけ消去して金庫株として保存しておきます。

図表22　株価と1株当りの株主価値の関係

株価＝1株当り株主価値	「キャッシュ放出分＝獲得する株主価値」なので、イーブンであり、株価にも影響ありません。 　ただし、時間経過とともに、当該企業の株主価値が増大する見通しの場合は、自社株買いに応じた株主が、運用機会を損失し、将来価値を遺失することになります。
株価＞1株当り株主価値	自社株買いに応じない株主が、「獲得できなかったキャッシュ＞獲得する株主価値」となるため、1株当りの価値が減少し、株価は下落します。 （自社株買いを株価上昇材料と勘違いしているマーケットのせいで、短期的に上がる場合はあります）
株価＜1株当り株主価値	自社株買いに応じない株主は「獲得できなかったキャッシュ＜獲得する株主価値」となるため、1株当りの価値は増大し、株価は上昇します。

（出所）　筆者作成

　また、そのほかにも資本構成の調整として活用する場合もあります。

　たとえば、3−3で説明したとおり、株主価値に対して時価総額が低い（＝割安）場合は、社債などを発行し（＝有利子負債による資金調達）、それを原資に「自社株買い」を行うことで、株主資本比率を下げ、最適資本構成を図るべきなのです。

　これによって、投下資本総額に変動を与えず、株主価値を変えずにD/E比率の最適化が実現できますから、資本コストが低下して企業価値が高まり、結果的に株価が上昇することもあります。

　ここも誤解してはいけませんが、これは、株主還元策が株価を上げたのではなく、MM理論に基づいた資本構成の変更という財務政策が株価上昇の要因になっているということです。逆に、最適資本構成を考えて株主資本比率を上げるために、株式発行が行われることもあります。株式発行で得た資金で、負債を返済し、さらに株主資本比率を高めることもあるのです。

　米国では、株主還元によって債務超過になっている、たとえば、フィリップ・モリスやスターバックスのように、かなり有名な企業が多数あります。

　日本であれば、上場廃止基準（債務超過になった場合は、１年以内に解消せねばならない）に抵触しますが、米国では問題ありません。

　この２社のように、リスクが低く、キャッシュインフローが安定している成熟企業であれば、本文に説明したとおり、価値に対して株価が割安なタイミングで、有利子負債による資金調達を原資に自社株買いを行い、投下資本総額に変動を与えず D/E 比率の最適化を実現し、資本コストを低下させられる、つまり価値を上げられるのです。これは米国では一般的なオペレーションです。

　スターバックスの営業利益率は、平均的に15〜20％、フィリップ・モリスに至っては40％前後です。

　この場合の債務超過とは、単に簿価の総資産以上に借入余力があったというだけの話であり、簿価を上回る貸付をしても、必ず返済されると銀行が評価したわけですから、要するに借金は資産と同じです。

　投資家の期待に応えてさえいれば、割安感のある増資には、株主も好意的に応じますから、価値創造のベクトルを上げるためにも、ファイナンス的にシッカリと資本レバレッジを効かせることが正解です。

　説明したとおり、日本企業は、最適資本構成から鑑みると、優良企業でさえ、総じて借金が少なすぎます。それは資本コストを高止まりさせ、機会ロスを放置していることにほかならず、価値を毀損させています。コストというとエクスペンスばかりに目がいきますが、ロスのほうには意識が薄い企業が多いのです。

　このように、自社株買いのオペレーションであっても、別に株主だけに還元しているのではなく、適切に使うという前提条件のうえで、全体の価値引上げに資することができます。

　投資家も、企業への理解、ファイナンスや経営への知識がないまま投資などやっても、自らの価値（キャッシュ）を低下させるだけです。

　正しいファイナンシャルリテラシーを身につけていただきたいと心から願っています。

第 4 章

M&Aによる価値創造

4−1 投資としての M&A を成功に 導くためには

M&A は、企業にとっては「投資」の 1 つです。よって、3 −11のような概念を検討し、投資判断の手順では、3 − 6 や 3 − 7 で説明したような指標を使い、最終的なキャッシュアウトフローを上回るキャッシュインフローが得られる投資先を選ぶ、意思決定における考え方は基本的に設備と同じです。

「投資」である以上、その対象である企業に競争優位性があるかどうかを見極める必要があります。

しかし、異なるのは、バイアウトファンドによる再生スキームのためのM&A などでない限り、企業同士の「組合せ」による統合効果をねらうということです。

一方で、他社の資産、生産設備などの有形資産と、知財や顧客リスト、販売チャネル、従業員の能力などの無形資産をあわせて取得するかわりに、同じ金額を自社に投資し、自力で同様の資産をつくりだすことだけを比較検証した場合、往々にして、自力成長のほうが投下資本に対するリターンが高くなる傾向があるとされています。

さらには、その「擦合せ」として統合後の PMI（Post Merger Integration）の過程では、企業 DNA そのものの再構築さえ必要な場合もありえます。

そのため、経験上、本格的に統合効果が数字に顕現し始めるまでに、最低 5 年程度は必要になるでしょう。

つまり、M&A を行うことが戦略的に正しいかどうかを判断するには、3 −11で説明したとおり、1 + 1 が 3 にも 4 にもなるような「シナジー効果」の有無を検証すべきであり、スタンドアローン（自社単独）の経営よりも、時間軸、その割引分も考慮したうえで、十分に高い価値の創造を第一の目的とすべきなのです。

ですから、4 − 2 で説明する M&A の種類のなかでも、水平統合は価値

創造力としては相対的に低いといえます。

　これは、2－2で説明したように、参入障壁として「規模の経済」の重要度が低くなっており、フランチャイズバリューの源泉になりにくい状況であることからも、明らかでしょう。

　M&Aの目的の第二は、時間軸といったとおり、「時間を買う」ことです。

　日本電産（6594）が独GMPを買収した理由は、事業ポートフォリオの転換を行う過程で、EVやハイブリッド（HEV）、アイドリングストップ搭載に欠かせない車載用電動ポンプの需要が拡大し、市場が2倍になると予想されているからですが、すでに子会社の日本電産トーソクが電動ポンプ市場に参入しているにもかかわらずなぜ買収が必要だったかといえば、トーソクが欧州メーカーに対してプレゼンスがなかったためです。

　M&Aによって、新市場参入に係るマーケティングの時間、10〜15年を一気に短縮できる、つまりは、自力で1から現地の販売ネットワークをつくり、バリューチェーンを軌道に乗せるためには、それだけの時間が必要ということです。

　M&Aは、企業が行うあらゆる戦略的投資のなかで、最も規模の大きな手法であるため、成功したときの見返りが大きい半面、失敗したときのネガティブインパクトも小さくありません。実際には、当初想定していたねらいを達成できないまま失敗するケースのほうが圧倒的に多いといわれます。

　しかも、こうしたシナジー効果への期待や、対象会社の経営支配権を獲得するという名目で、実際に企業が買収される取引価格は、市場で売買される価格に一定比率上乗せされます。これを買収プレミアムと呼びます。

　買収プレミアムの水準は、米国や欧州では20〜30％とされますが、日本ではやや低く、10〜20％が平均的です。

　この差は、シナジー効果の見積りの違いや、少数株主の発言権が小さく、敵対的買収が少ないことなどの理由があるからといわれます。

　しかし、市場による程度の差こそあれども、あまり明確な根拠がないまま、すべからく買収においてはプレミアムを払うのが当然、というルールが存在し続けているのです。

つまりは、プレミアムを上乗せした買収価格以上のシナジーを見込めなければならないということです。

　一般的に、買い手は、シナジーの実現において考慮される時間軸を楽観視する傾向にあり、また、コストシナジーと呼ばれるものは、ほとんどが期間限定で、将来価値創造の観点からすれば、せいぜい「おまけ」程度に考えておいたほうがよいでしょう。

　それでも、企業が成長する過程では、ブレークスルーを起こして価値創造のステージを一気に上げなければならないタイミングが必ずあり、その際に戦略投資としての M&A が、不可欠なレバレッジになると筆者は考えています。

●**もう一段の深掘り＆余談** ─────────────── No.20

　No.11で説明したとおり、対象市場定義型モデルで、自社の参入障壁を強化しながら高い価値創造を遂げてきたカーブスホールディングス（7085）は、2018年に米国の親会社を逆買収しています。

　女性専用フィットネスのカーブス（Curves）は、米国で1992年に設立され、創業者ヘヴィン氏が、若くして亡くなった母親の死因が、運動せずに大量の薬を飲んでいたことによるものだったことから、年配の女性に運動習慣を、という思想でスタートしています。

　一時期80カ国に１万店以上展開するほど拡大し、世界最大のフィットネス・チェーンとしてギネスにも載った同社でしたが、米国内の肥満人口がカーブスのおかげで激減した、といわれるような成功体験もあったせいか、事業のペースを、競争環境も激しく不況に弱いダイエットビジネスと位置づけたことや、フランチャイジー・オーナーが女性の独立起業が多く、経営がうまくいかずにサービスが劣化して閉店が頻出したうえ、本部のサポートが不十分で支援が弱かったことなどの要因が重なり、日本を含めて4,000店まで、最盛期の半分以下に縮小してしまいました。

　一方で、日本はフランチャイジーの財務基盤も強く、本部もFCを手厚くサポートしている唯一のエリアとして、創業者の思想を継承し、経営も絶好調を続けていたのです。それにもかかわらず、その唯一の優等生である日本のほうが、逆に米国にノウハウを教えながら、ロイヤリティを年16億円、機

器の買入れに4億円支払っているような状態だったことが、根本的に買収の背景にあります。

　ただ、それだけではなく、買収によるねらいとしては、カーブスの知的財産（IP）を確保し、かつ、日本の活動における自由度を高めることがあります。いちいち米国本部の承認を得ることなく、新しいサービスを独自に展開できること、これには、米国から買わねばならなかった機器の独自開発なども含まれ、独自のエコシステムを構築できるようにもなります。

　このように、価値創造のレバレッジを上げるという本来の目的に沿うべく、経営における主導権を握るためのM&Aもあるのです。

4-2　M&A の種類と基本的知識

　自社単独ではなく、業種も超えた外部企業との連携によって、競争優位の確率を図る企業間連携（M&A）には、大きく2種類、垂直統合と水平統合があります。

　垂直統合とは、ある製品が顧客の手に渡るまでには、いくつかの生産段階・流通段階を経過しますが、原材料から製品の販売に至る業務を垂直的な流れとみて、2つ以上の生産段階、および（または）、流通段階を1つの企業内にまとめることです。

　垂直統合には、さらに2つの方向があります。

　原材料から製品市場に至る業務の流れのうち、原材料の生産に近いほうを川上、製品販売に近いほうを川下といいますが、川下のほうに向かうのが前方統合、川上のほうにさかのぼるのが後方統合です。

　完成品メーカーによる直営店舗展開は、前方統合であり、小売業者による自社ブランド製品の生産開始、いわゆるPBは後方統合です。

　これによって得られる便益には、たとえば、隣接する2つ以上の生産段階を統合すると、中間在庫や輸送コストを圧縮できるなど、全体の業務の調整と管理が容易になることがあげられます。

　もう1つの水平統合は、同種の製品分野の事業に進出し、事業範囲を拡大することです。

　同種の分野における企業の合併を意味して使われることが多いです。

　要するに、規模の経済の達成による競争的地位、シェアや顧客の拡大などの追求を行うものです。

　M&Aの形態については、狭義のM&A、つまり経営権の移転を伴うモノと、広義のM&A、経営権の移転を伴わないモノ、大別して2つあります。

　狭義のM&Aには、合併と買収があり、広義のM&Aには、資本参加、合弁設立、業務提携があります。

合併とは、企業が他企業と互いの資本と組織を法的に、完全に一体化させる行為ですが、これには吸収合併と新設合併があります。

　吸収合併は、合併する企業のなかの1社を存続させ、それ以外の企業の法律上の独立性を消滅させる形式です。

　一方、新設合併は、合併するすべての企業が、いったん法律上の独立性を消滅させ、新しい企業を設立させる形式です。

　コングロマリットと呼ばれるのは、主に株式公開買付けによる吸収合併を繰り返すことで、互いに無関連の分野の企業を統合した企業形態をいいます。

　コングロマリット・ディスカウントという現象はよく指摘されますが、これは、いろいろな事業を手掛けるコングロマリットの株式時価が、個々の事業の価値を合算した額に比べ、恒常的に割安になることです。

　個々の事業が足を引っ張り合うかたちになって評価が落ちてしまう、あるいは、経営資源が分散し、経営効率が落ちる、この場合は、むしろ実際に価値創造自体にもマイナス要素になっているため、割安な株価ともいえないでしょう。

　そのため、米国などでは、積極的に事業をスピンアウトさせ、独立上場させてしまいます。ちなみに、独立上場には、スピンオフとスピンアウトがありますが、前者は、別会社となった新会社が元の会社と資本関係を継続する場合で、資本関係を継続しない場合が後者です。

　買収には、株式買収と資産買収があります。

　株式買収には、発行済株式を取得して子会社化する方法、新株発行増資を引き受けて会社の経営権を握る方法、株式交換によって株式を取得し、子会社化する方法などがあります。

　資産買収は、営業（事業）譲渡のことです。

ある事業に関する営業資産を買い手に譲渡する方法です。営業資産には、設備や建物だけでなく、特許、ブランドなども含まれます。

　譲渡の対象範囲は、当事者間で自由に設定できますから、ある事業のみ譲渡、というやり方も当然可能です。

広義の M&A のなかで、合弁はジョイントベンチャーのこと、複数の企業が共同で出資して企業を設立し、その企業に経営資源を集めて事業を展開することです。

戦略的アライアンスというかたちもあります。これは複数の企業が契約に基づいて実現する協力関係のことです。経営権の移転を伴わず、経営の独立性を維持します。

パートナーとなる企業同士が互いに経営資源を補完し合うことでスピーディーな事業展開を図るねらいで、緩やかな結びつきですから、関係の解消によってライバル企業同士になることも多く、協調関係をとりつつも、相手の技術やノウハウを多く吸収しようと競争が繰り広げられるなど、協調と競争が共存する場合も多々あります。

M&A には、友好的と敵対的があります。これは、経営陣の同意を得ているか否かの違いであり、後者の場合は、株主の同意を得ていることがポイントです。敵対的買収が必ずしも企業にとって悪いわけではなく、むしろ逆なことも多いのです。

敵対的買収防止策は、ドラマ『ハゲタカ』や、池井戸潤の小説『ロスジェネの逆襲』などにも度々出て来ますが、次のようなものです。

POINT ▶ 敵対的買収防止策

① ポイズンピル

　敵対的買収者が、一定割合の株式を買い占めた場合、買収者以外の株主に自動的に新株が発行され、買収者の株式取得割合が低下する仕組みです。

② クラウンジュエル

　被買収企業の保有する魅力的な事業部門、資産もしくは子会社、つまりは王冠の宝石のような重要財産を、第三者へ譲渡や分社化をすることで、買収者の意欲を大きく削ぐ方法です。似たような方法に焦土作戦があり、これは、あえて多額の負債を負ったりすることで、企業

価値を下げる方法もあります。

③　ゴールデンパラシュート

　　敵対的な買収の結果、解任される取締役に巨額の退職金を支払うよう前もって定めておくことで、それを抑止しようとする方法です。

④　ホワイトナイト

　　敵対的買収を仕掛けられた企業の経営陣が、友好的な企業や投資家に買収して貰う方法です。

　ほとんどの防衛策（ホワイトナイト以外）が、自社の株主に対する背信行為ともいえるもので、このような手法をとるような企業（経営陣）は買収されてしまったほうがよかろうとも思えるような内容です。

●もう一段の深掘り＆余談 ─────────────────────── No.21

　垂直統合は、ビジネスモデルではSPA（製造小売業）と同じです。SPAがフランチャイズバリューを創出する理由としては、小売りにおける販売や在庫の情報、そして顧客ニーズなどを即座に生産計画に反映させることができる、つまり、商品開発やマーケティングの効果・効率が上がり、サプライチェーン全体の在庫レベルが下がるメリットがあります。

　これが運転資本を圧縮し、FCF（価値）の増大につながるのです。きめ細かく生産計画や価格を見直すことにより、計画と需要の狂いから生じる過剰在庫の安値処分などもなくなるため、利益率も向上します。ヒット商品についても、生産を迅速確実に追従させることができるので、在庫切れによる売り逃がしも起こりにくくなります。

　そして、たとえ通常の小売りと物理的に同じレベルの在庫であっても、SPAのような垂直統合している企業のほうが財務的な負担は軽いというメリットもあります。

　垂直統合している企業にとって在庫によって寝てしまう資金は素材や部品の原価のみであるのに対し、小売りのみを行う企業が在庫を行う場合、製造設備や要員を含めた生産原価に加え、製造段階での利益も含めた仕入原価が資金として必要だからです。

そのため、小売りは必ず売り切ることができる量だけしか仕入れない傾向があり、反対に製造業は小売在庫を増やして販売機会を増加させるために、売れ残り在庫の返品保証をしたり、委託販売方式をとったりするので、サプライチェーンはさらに混乱します。

　垂直統合している場合は、このようなサプライチェーンの混乱も避けられるわけです。小売段階のセールなどプロモーションも完全に統制できるため、サプライチェーンへの負荷もあらかじめ予想することが可能です。全体最適を図ることができるので、機会損失を防ぐことにもなります。

4—3　自力成長か M&A による成長かを決めるもの

　この命題については、代表的な企業事例を紹介します。ダイキン工業（6367）です。

　基本的に、ダイキンの空調グローバル No.1への成功は、中国の成功がカギでしたが、同社が中国市場に参入したのは1994年、日本メーカーのなかでは最後発でした。

　その際、同社は、多数のローカル、日系・米系ひしめく成長市場で、単に海外で販売し、需要を取り込んでいくアプローチではなく、一から空調事業をつくりあげるスタイルをとりました。

　それまでの進出企業が行ってきた慣習ともいえるアプローチ、つまり、現地との合弁会社を設立し、中国流の売り方を踏襲して家庭用エアコンを扱うというやり方にとらわれず、自前の商品である業務用空調からスタートし、プロショップなど自前の代理店販売網を築いたのです。

　自社ですべてコントロールして差別化を図る戦略を推進したことこそが、ローカルメーカーの2〜2.5倍の値段ながら、「エアコンのベンツ」というイメージにつながったといえます。

　中国の全土に、約3,000店のプロショップ網を構築して独自の販売ルートを開発するにあたっては、まず社内の技術者全員にパスポートをもたせて中国に行かせ、電話帳を片手に家電店、内装業者、建材店、つまり、卸ではなく地元の小売店をシラミつぶしに回らせました。

　そして、それらをダイキンの専売代理店（販売・据付け・サービスを一貫して提供）に変えてきたのです。

　代理店に対しては、出資はいっさいせず、前金で売掛もやらないが、ただし、初期段階の帳簿と店舗のチェックによる経営分析から、組織づくりのサポート、社員募集、研修、市場開拓、同行セールス、設計サポート、工事指導サポートまで、とにかく全方位から販売店に徹底的に入り込むことで支援をします。金

を出すのではなく、稼ぐための方法を授け、回り道をせずに学ばせることで育成していく、自立への支援こそが王道、というスタイルを貫くのです。

その結果、代理店の売上げは数倍〜数十倍になり、オーナーの家はグローバル戦略本部長が一生住めないような大邸宅になっていく、まさにWinWinです。

こうしてオーナーたちのモチベーションも上がる一方で、自立して数字を上げられなければ、毎年開催される販売店感謝会には呼ばれず、翌年から代理店を外されてしまいます。代理店ごとの独資ではあっても、ダイキン・ファミリーの基準を非常に厳しくオペレーションしています。

このように、ダイキンのグローバル展開は日本の競合メーカーと異なり、基本的に自前、もしくは買収によって、製品も販売網もすべて自社で構築し、開拓していくやり方です。対する他社、たとえば、東芝は2位のキャリア・コーポレーションの親会社ユナイテッド・テクノロジーズと、日立が4位のヨーク・インターナショナルの親会社ジョンソン・コントロールとそれぞれ合弁事業を運営する、つまり、グローバル大手の傘の下に入る、コバンザメ戦略です。

ダイキンだけが、堅固で盤石な基盤をつくりあげるために、あえて「自力成長」の差別化戦略にこだわって、代理店網など、自前で経営を貫ける体制をつくり果敢に、しかも妥協なく攻める、中国でも全土にダイキンウェイを根づかせる方法をとっているということです。

しかし、実はさらに中国での飛躍の因になったのは、非常に戦略的なM&Aで、それが2008年の中国最大の空調メーカー、格力電器との提携です。

格力の英語名はGREE Electricで、ダイキンは産業用空調機器のグローバルトップですが、家庭用、いわゆる一般住宅用のエアコンでグローバルトップはこのGREEで、20%前後のシェアをもっています。2位が東芝の白物家電事業を買収して有名になったMidea Group（美的集団）、3位がHaier、すべて中国企業です。

この格力との提携にはどういうねらいがあったかといえば、中国市場を一気につくりあげるために、ダイキンのコア技術であるインバータを格力に一

部供与することです。

　当然ですが、これには当時の技術者が全員反対していましたが、一見すると自社にとって不利なこの提携であえてライバルに高い技術をオープンにすることを断行した背景には、当時の中国家庭用エアコン市場が圧倒的にノンインバータであったため、市場自体を変化させる必要があるとの判断からです。

　実際、中国市場のインバータ化はこの買収によって一気に進み、提携時の2008年の７％から、現在は70％以上、10倍に急拡大しています。

　そのなかで、ダイキンの、特に品質の高い高付加価値高価格のエアコンがデファクトスタンダードを確立し、エアコンのベンツといわれるとおり、産業用で先に成功していたことで、高級マンション向けの家庭用中央空調を投入した際にプレミアム市場をつくることができ、ほぼ独占しているのです。

　まさに、４−１で説明したとおり、企業が成長する過程で、ブレークスルーを起こして価値創造のステージを一気に上げるべきタイミングでの絶妙な決断、それは数年がかりでの地盤固めと緻密かつ入念な準備のうえで成り立ちますが、戦略投資としてのM&Aが、不可欠なレバレッジになる事例です。

図表23　M&A が飛躍のカギ

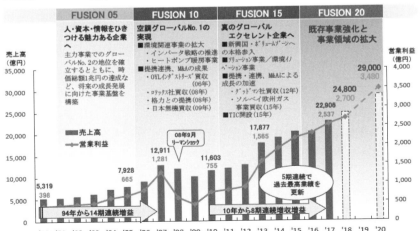

（出所）　ダイキン工業株式会社「【戦略経営計画】後半３ヶ年計画」（2018年６月６日）

会計のフィクション性を映す鏡
——のれん

　B/Sの無形固定資産に計上されている「のれん」は、企業がM&Aを行ったときの買収価額と時価ベースで算出した買収対象企業の純資産との差額です。

　のれんの償却については、〈もう一段の深掘り＆余談…No.16〉で説明しているとおりですが、ここでは、その差額にフォーカスしてみます。

　ひと頃騒ぎになったRIZAPグループ（2928）の「負ののれん」について検証してみると、同社は当時、上場非上場含めて75社、特に3年間で56社も一気に買収しており、ほとんどの買収価格が会社の正味資産である純資産（総資産から負債を差し引いたもの）を下回る企業であったため、その差額部分は「負ののれん」として、IFRS基準にのっとって営業利益に計上される、という錬金術を続けてきたのです。

　この差額は割安購入益と呼ばれ、同社の決算説明資料によると、営業利益に占める比率は約6割に達していました。

　「負ののれん」ということは、株価＜純資産（B/S）、つまりPBR＜1で会社を買収するということになります。

　本書で何度も説明しているとおり、PBRはまったくあてにならない指標ですが、要は、割安なのではなく安い、「ワケあり商品」ということは間違いなく、だから「負ののれん」が発生するともいえます。

　たとえば、買収会社に係争中の損賠賠償訴訟のような偶発債務の負担が確定しそうな場合や、簿外債務の引受け可能性が高まっている場合、リストラに伴って発生が見込まれる割増退職金があるなど、さまざまな理由が考えられます。

　いずれにせよ、「普通」ではないため、日本の会計ルール上でも、発生時に特別利益（P/L）として処理します。そのため、20年以内の償却（販管費）である「のれん」の処理ではなく、一括処理となります。

つまりは、特別利益とはいえ、会社を安く買収すると、瞬間的に利益が発生するということです。

　これは、いまはなきライブドアが散々利用した仕組みでもあります。

　「のれん」や「負ののれん」は、被買収会社の純資産の簿価以外の価格で買収する場合、間違いなく発生するため、不可避ともいえます。

　一般的には、簿価ベースの純資産には反映されていないさまざまな無形の資産であるノウハウやブランド等があり、買収価格はこれらを評価して算定されるため、「買収価格＞被買収会社の純資産」、すなわち（正の）のれんの発生となるはずです。4－1に説明した買収プレミアムがありますから、なおさらです。

　しかし、「PBR＜1」の会社が多いということは、負ののれんの発生はまれなケースでもなく、PEファンドによるバイアウト案件などが多いこともあるでしょうが、むしろ競争優位性が低い会社がターゲットとされやすいという実態がみえてきます。

　そして、連結決算の会計処理においては、被買収会社の純資産のうち、（時価評価可能な）不動産等を時価で再評価して行います。つまり、買収価格と被買収会社の時価ベースの純資産を比較するため、被買収会社の不動産等に含み益が存在する場合、さらに負ののれんは大きくなります。

　たとえば、買収価格が100で簿価純資産が150であれば、負ののれんは50ですが、買収価格が100で、時価純資産が200であれば、負ののれんは100となります。

　代表例としては、2008年の伊勢丹と三越の経営統合においても、負ののれんが700億円発生しています。

　被買収会社は三越で、伊勢丹が三越を割安で買ったことになります。

　当時、三越銀座店などの土地の時価が高騰していたこと、三越の時価純資産（土地の含み益）が伊勢丹の買収価格に反映されなかったなどが理由です。

　要するに、伊勢丹側は、三越の土地の値上りは無視すべきものとしたわけで、もちろん、統合後に百貨店としてシナジーを創出し、将来予測FCFの現在価値が非常に高くなるのであればそれでもかまいませんが、現在の状況

を鑑みるにはたして妥当であったか、疑問に感じる投資家は多いのではないでしょうか。売却したほうが高い会社をあえて継続させる合理的な理由が見出せるのか不明です。

　どちらにしろ、会計ルールでは、負ののれんの割安購入益、つまり、安く買えたことに対してご褒美がつくような仕組みになっているのです。

　投資家として、企業の本質的な競争優位性を見抜くためには、こうしたルールについても目配りする必要があるのです。

第 5 章

「負けない投資」実践のための
思考訓練

さまざまな企業価値評価方法とアプローチ検証

　1−9で述べたとおり、最終的な将来価値算定方法としては、最も合理的であるDCF（Discounted Cash Flow）法が基本ですが、本章では、一部異なる算出方法が必要な場合や、別なアプローチによる応用パターン、あるいは異なる価値算定方法に対する見解などを解説します。

　まず、DCF法では、価値の元になるフリーキャッシュ・フロー（以下「FCF」ともいう）を現在価値に割り戻すことを再確認しましょう。

　FCFの計算式は次のようになります。

計 算 式　FCF（フリーキャッシュ・フロー）

FCF＝税引き後営業利益（NOPAT）＋非現金支出
　　　−運転資本の増減額−投資額

　この式にある「運転資本の増減額」は、一般的な製造業や小売業などの場合、（売掛債権＋棚卸資産−買掛債権）の前期からの増減分です。

　しかし、事業によっては在庫をもたない場合もあります。ほとんどのインターネット関連事業や、また、多くのサービス業にも、本業で在庫をもつ必要がないビジネスが存在します。

　この場合、上記の式における運転資本には、

　「流動資産（現金除く）−流動負債（短期借入金除く）」（※前期からの増減分）
を使って計算します。

　この式で、流動資産の現金、および、流動負債の短期借入金を除くのはなぜか。

　そもそも運転資本とは、売上げをキャッシュとして回収するまでの期間のつなぎ資金であり、運転資本の増加分をフリーキャッシュ・フローから差し引くのは、その分の資金手当が必要になるからです。つまり、これは「借

金」と同じです。

　よって、現在手元にある現金や、短期借入れで調達した資金は、すでに手当ができている分なので、その金額を差し引いたネットの借入額、つまり、実際に必要な金額がいくらなのか、を算定します。価値創造における運転資本の重要性については、5－2で説明します。

　在庫のないビジネスには、ほかにも金融機関があります。しかし、金融機関の場合は、在庫だけでなく、売掛債権や買掛金などもありません。直接加入者から元本である預金や保険料を受け取り、それを運用して利息や保険金の支払いに充当します。

　一般的な事業会社の場合は、すべての資金提供者（株主と債権者）から調達した資金を事業活動に投下し、事業活動によって利益を生み出します。

　つまり、事業面の意思決定と財務面の意思決定を分けて行う前提に立っており、あくまでも事業用資産によって、どのようにキャッシュ・フローが生み出されるかをみるわけです。

　ところが、受取利息や支払利息の収益、これは、一般事業者の場合には、営業外損益に含まれている金融取引収支ですから、あくまでも本業から生み出された収益ではありませんが、銀行や保険会社などの金融機関の場合は、本業の重要な構成要素であり、事業と切り離すことはできません。

　また、本質的にスプレッドビジネスですから、レバレッジの選択である資金調達も、どのように利益を稼ぐかという点で重要です。つまり、事業が財務の意思決定そのものなのです。

　このような事業特性の違いから、金融機関の場合の価値算定には、株主FCFを株主資本コストで割り引いて算定するECF（Equity Cash Flow）法を使います。計算式は以下のとおりです。

計算式　ECF（エクイティキャッシュ・フロー）

　ECF＝当期純利益＋非現金支出－株主資本の増減額＋包括損益－投資額

　まず、社債権者も含めて全費用を支払った後、株主に帰属する利益である

当期利益から始め、非現金支出を戻し入れ、そして株主資本の増減を引きます。さらには資本勘定の非キャッシュ項目からなる包括損益を足し戻す、そして設備投資を引く、という手順で計算します。

当期純利益は、事業活動すべてから獲得された価値の増加分ですが、包括利益は一定期間における会社の純資産の増加分を表します。

そして、DCF、正確にいうと、（在庫がないビジネスも含めて）一般事業の場合は、エンタープライズDCFといいますが、これと同じようにECF法も将来ECFの予測値を5〜7年分つくり、それを現在価値に割り戻します。

予測期間以降は、一定の永久成長率を想定して継続価値をつくり、2つの総和を発行済株式数で割る、というのはまったく同じやり方です。

計算式からわかるとおり、ECFは、有利子負債・資本構成の影響がキャッシュ・フローに織り込まれているため、価値評価を行う際に間違いやすいリスクがあります。

※巻末に、DCFとECFのバリュエーション事例の**付表**を掲載しました。

その他のアプローチとしては、エコノミックプロフィット法があります。

これは、1−7および、3−5で説明しているEVA（経済的付加価値）、つまり、その年1年間に生み出した付加価値をベースにします。

計算式は次のようでしたね。

計 算 式　EVA（経済的付加価値）

EVA＝（ROIC−資本コスト）×投下資本総額

この方法の場合も、DCFと同じく将来価値のみを対象にしますので、まず、未発表の今期から始まり、今後10年程度の予測値を想定します。

基本、予測期間のROICと資本コストは同一のレートを使用し、FCFではなく、かけあわせる投下資本が将来どのように推移するかの予測値をつくるのです。これは将来FCF成長率と同じ考え方です。

予測期間の10年後以降は、DCFと同様に継続価値をつくりますが、計算式は次のようになります。ここですべての総和を出して債権者分を引いたも

のが株主価値です。

エコノミックプロフィット法の継続価値

継続価値＝最終年度の投下資本＋最終年度の EVA÷（資本コスト－永久
成長率）

事業別の積上げ数値でつくるマルチプル法もあります。これは特に、事業
が複数あり、それぞれの将来成長予測が異なる場合に、事業ごとの成長率を
反映させてみるときに用います。

事業が資本コストを上回る利益をあげているかに着目するため、各事業の
リスク認識と成長予測との整合性をより深掘りして確認することができま
す。

ここで DCF 法の継続価値の算定式を思い出してみてください。FCF が一
定の成長率（永久成長率）で成長すると仮定すると、等比級数の公式を用い
て次のようになります。

DCF の継続価値からみたマルチプル法

永久成長率： g

$$企業価値 = \frac{FCF}{(WACC - g)}$$

$$= FCF \times \frac{1}{(WACC - g)}$$

そして、これを少し変形すると、次のようになります。

$$\frac{企業価値}{FCF} = \frac{1}{(WACC - g)}$$

この右辺（WACC から永久成長率を引いたものの逆数）がマルチプルなの
で、これに投下資産として設備投資を反映させた EBITDA（Earnings Before
Interest, Taxes, Depreciation and Amortization）を（FCF として）かけあわ

せ、企業価値を算出します。

　つまり、マルチプル法とはDCF法と本質的には等価です。それぞれのセグメントについて事業価値を算出し、すべてを合計した数値が企業価値となります。

　ここまでのエンタープライズDCFやECF、そしてエコノミックプロフィット法やマルチプル法も、すべて企業（事業）価値を算定するためのアプローチで、通常キャッシュ・フローを1つのWACCで割り引きます。

　それに対して、WACCを変化させる算定方法としてAPV（調整現在価値）法もあります。

　本書では簡単に触れるにとどめますが、仮に企業が有利子負債・資本構成の大幅な変更を考えた場合、これは3－2で説明したMM理論、および最適資本構成に沿った企業行動や、大規模なリストラ、破綻企業の再生などの場合が該当しますが、同一のWACCを全期間に適用してしまうと、税効果を過大に見込んでしまいます。

　この場合、後述のリアルオプションの段で説明するとおり、有利子負債・資本構成の変化にあわせてWACCを変化させるような複数のシナリオで対応することも可能ですが、事業価値を2つに分けてとらえるAPV、株主資本コストには財務リスクを除いたアンレバードのβU（アンレバードベータ）を用い、負債資本と分けてそれぞれ計算するアプローチがAPV法です。

　ここまでの5つのアプローチのうち、エンタープライズDCF法、エコノミックプロフィット法、マルチプル法、APV法の4つは、事業価値から企業価値を求める方法です。一方で、ECF法は株式価値から企業価値を求める方法です。ゆえに当期純利益から始まっています。ECFはあくまでも金融機関の企業価値評価など、ビジネス自体が資本構成の変化に直接関係する場合に限定的に使われますが、同じく株式価値から事業価値を求める算定方法で、一般的によく知られているアプローチに、配当割引モデルがあります。

　配当割引モデルは、将来の配当を割引率で現在価値に割り引き、株主価値を算定する方法で、配当金という株主に帰属するキャッシュ・フローを基礎

にして割引計算したものですから、分配される株主価値を直接出すやり方です。

計 算 式	配当割引モデル

配当の成長率＝ROE×（１－配当性向）

（配当性向×１株利益）÷割引率－ ROE×（１－配当性向）

この計算式の「配当の成長率」は、当該企業の ROE と配当性向が一定で、自己資本の増加がすべて内部留保によるもの、という仮定のもとでは、サステイナブル成長率となります。

では、なぜバリュー投資ではこの配当割引モデルを使わないのでしょうか。

まず、3－12で説明したとおり、そもそも配当は、まさに企業価値の一部であり、それを先食いしてしまうことで、投資の機会損失につながるものです。

よって、最終的に資本コストを上回る投資案件がない場合に限って株主に還元すべきなのです。

ここで留意しなければならないのは、企業には、ゴーイングコンサーン（継続企業の原則）があることから、多くの優良企業では、成熟ステージに入ったとしても、常に新たな事業展開やアプローチなどを模索し、不断の変革を行うことによって、成長ステージへ回帰するように尽力し続けているということです。

成熟ステージであっても、有望な投資先、これは研究開発や M&A も含めた案件を積極的に模索し、最優先に資本を投下すべきであり、株主還元の場合も、3－12で説明したとおり、株価が企業価値に対して相当に割安であれば、配当よりも自社株買いのほうが合理的です。

実際に、50年100年企業が、積極的に投資機会を享受して、企業価値を創造し続けており、逆に、やすやすと諦めて、衰退ステージに進むことも致し方なしなどと、ジリ貧状態を受け入れるような企業には、投資する価値はあ

りません。

　つまり、企業価値創造の源泉であるキャッシュ・フローを引き出してしまう配当を出すか出さないか、は企業価値の大小にはなんらかかわりはありませんし、経営判断としてバークシャーのように50年以上の無配を貫いてもまったくかまわないということですから、配当成長率が高いほうがよいなどとも考えません。

　もう1つの理由は、第1章で説明したとおり、「利益はフィクション」であり、特に、当期純利益を使う（＝1株利益、および、配当性向）のは、特別損益などが加味されている「本業とは無関係」の数字を参照するということ、かつ、会計上のルールにのっとった＝実際の企業価値とは離れた数字に依拠していますから、金融機関など限定的な対象以外の価値評価方法としては不適当なため、採用できません。

　特に配当割引モデルの場合は、配当の「インカムゲイン」だけでなく、仮に株式を売却できた際に得られる「キャピタルゲイン」の価値を含めて算定していますから、なおさら当期利益ベースの「企業価値」が正しいとは考えられません。

　最後に、少し変わったアプローチ、リアルオプションも解説します。

　3－7で、事業投資価値の評価手法NPVについて説明しましたが、事業投資の将来価値を予測する方法としては、1995年前後から、米国でオプションプライシングの技術を適用したリアルオプションが使われるようになってきました。

　これは、NPVに比べて、プロジェクトを延期したり縮小したり中止したり、という戦略の自由度をプロジェクト評価に織り込むことができる利点があるからです。

　DCF法に対して、「フリーキャッシュ・フローの正確な予測はむずかしい」と同時に、「フリーキャッシュ・フローのシナリオを固定的にしか考えられない」という批判があり、その解決法を、「企業価値算定についても、リアルオプションのモンテカルロ法を使えば、あらゆるパターンを想定できる」とする意見があります。

オプション取引などデリバティブでは、主にブラック・ショールズ式を用いて価格決定されていますが、リアルオプションでは、経営やプロジェクトがもっている意思決定の際の選択権をオプション、と考えるわけです。

モンテカルロ法は、コンピュータなどで乱数を発生させ、異なるシナリオによる試行をルーレット方式で何度も繰り返すことで、確率論的に近似値を求める方法で、そのシミュレーションモデルにも、主にブラック・ショールズ式を使用します。

たとえば、企業の研究で、実用化できれば1,800億円の利益を生み出し、失敗すればリターンがゼロ、そして、実用化させるためには、合計で1,000億円かかり、そのうち100億円の初期投資が現時点で必要であり、残り900億円が半年後に必要になることがわかっている、というケースを考えます。

ただし、1,000億円投資しても、確実に実用化できるとは限らず、実用化が成功するか失敗するかの確率は50％とします。時間価値を考慮せずに、この投資判断をどう考えるべきでしょうか。

普通に期待値を計算すると、

（1,800億円－1,000億円）×50％＋（0億円－1,000億円）×50％

= －100億円

期待値がマイナスですから、この投資案件は行わない、という意思決定をするでしょう。

しかし、もう1つの選択肢として、まず初期投資の100億円を投資し、半年間様子をみて、半年後の競合の状況や自社の研究開発の状況次第で、残りの900億円を投資するかを考えられる場合、つまり、半年後、リスクのほうが大きいと判明すれば、900億円の追加投資を見送ることができる、とすればどうでしょうか。

半年後の投資の期待値がどうなるかを計算すると、

（1,800億円－900億円）×50％＋0億円×50％＝450億円

という結果になり、すでに支払ってしまった初期投資の100億円を考えても、350億円のプラスになります。これは意思決定を後に遅らせることによって、より柔軟にチャンスに乗じることができるよい事例です。

この企業にとっては、100億円の初期投資は、半年後に1,800億円の市場に乗り出すための選択権の購入費用、ということができます。

　この事例のように、不確実性が高い環境において、0か1の二択ではなく、いったん回答を保留・延期にし、選択権のみを購入しておくことにより、最小限の損失で、大きな利益を手にする権利を得ていくことが最も賢いやり方、という場面は多々ありえます。

　現代のように、ビジネスのライフサイクルも短くなり、投資規模も大きくなる傾向にある場合、オプションの考え方は、非常に重要な意味をもちます。不透明な時代においては、選択肢を多数もつこと自体が高い価値をもつのです。

　製薬企業の新薬開発など、商品化まで時間と費用がかかる案件や、大規模なインフラ投資など、不確実性が高い領域の経営やプロジェクトの意思決定で実際に使われていますし、非常に有効といえます。

　ただし、それは個別プロジェクト・個別投資対象だからこそ、つまり、関連するリスク要因がある程度絞り込める、あるいは比較的想定可能な場合で、そのうえで確率分布を見積もることに意味があるのです。

　企業価値算定に使う際には、ブラック・ショールズ式では、株価の変動が正規分布になることが前提に置かれるので、結局CAPM同様に現実の値とは異なる数字が現れます。そしてCAPMと同じく、ブラック・ショールズ式の改良モデルが、多数研究されています。

　結論としてもCAPMと同様です。つまり、これを理論株価の算定に使うことはあまり意味がないと考えます。数字だけを近似値にもって行くことを目的にするには、企業経営というものは複雑すぎるのです。確率論ではなく、解なしの5次方程式の解を得るために、限定的な代数の置換によって24次式を解かねばならないようなものということです。

　そして投資家にとって真に必要なのは、正しい理論株価ではありません。乱暴な言い方をすれば、株価に対しては、レベル感と方向性さえ掴んでおけばよいと考えます。

　知るべきは常に価値であり、価値を生み出すために不可欠なリスクであ

り、それはどれほどのオプションを計算式に入れ込もうとしても、正解を得ることは不可能です。

それならば、逆にシンプルに、ある程度決め打ちとの認識のうえで、徹底的に企業にまつわる情報、因数を調べ上げるほうが、正しい「投資行動」をとることができます。

もし、それぞれの因数が結果に与えるインパクトを知らず、それぞれの因数の「現実的な範囲」の勘所を知らず、ただひたすら計算を進めれば、その結果は、いかようにも変化しますし、させることができます。

DCFによって企業価値評価を行うメリットは、現時点での妥当な理論価格の算出という「表面的なゴール」を目指しつつも、その分析の過程で、当該企業の参入障壁とビジネスモデルを把握し、当該企業の製品や商品、サービスに関する考察を行い、財務オペレーションの合理性や経営の意思決定の妥当性を検証することなどができることなのです。

現時点での妥当な理論価格の算出など、ある意味、副次的な目的であり、それを正確にはじき出すなどということは、しょせん不可能であり、誤解をおそれずにいえば、「そんなもの」はザックリでOKなのです。

たとえば、圧倒的に高い企業価値を創出していれば、その参入障壁をより高くするための、顧客ロイヤリティを強化する仕組みを構築しているはずだと考え、その仮説を検証します。

さらに、その仕組み構築は、企業も一足飛びにすぐできたわけはなく、徐々に経験曲線を上げながら、試行錯誤してきたはずです。企業側も、内部で仮説検証と改善を繰り返しながら、高い価値を創出する仕組みをつくりだしてきたのです。

投資家としては、このような視点をもちながら、企業の歴史（沿革）を紐解いていくことも重要です。

「この年には、このような決断をしている、その当時のFCFの数字、その後の推移はどうだろうか」、あるいは、「このような施策を出しているのは、価値創造にとって、どのような意味があったのか」「その打ち手によって、実際のFCFは、どの程度成長したのか」、抜かりなく問いと仮説を繰

り返し、毎年の数字、該当する時期と照らし合わせながら検証していくのです。

　さらには、経営比率など、あらゆる角度から数字をみること、後ほど説明するバリュードライバーで強みや弱みを見極め、実際の経営とも照らし合わせて考察をすることが必要です。

　このように、DCFの利点、合理的である理由は多数ありますが、最初の批判に立ち返れば、「シナリオを固定」などせず、いろいろな因数に基づいた想定を最終的な予測数値に盛り込める、という利点を活かし、複数シナリオでつくってみればよいのです。複雑な計算式に溺れるよりもずっと正しい判断に結びつくはずです。

　投資活動によって、長期で成功を収めるための最も効率的な方法は、価値創造を継続できるであろう企業を見つけ、できる限り安全余裕率のある「割安」な時期に投資すること、それに尽きる、というバフェットの結論以上の答えはありません。

　ちなみに、バフェットは分散投資には否定的です。最終的にグレアムと決別したのも、将来価値算定の必要性を含め、意見の食い違いが大きくなったことがいちばんの理由です。

　分散投資に対するバフェットの考え方、それは、「分散というのは、無知に対するリスク回避で、結局は管理不能になるだけ」であり、前述してきたような徹底した企業分析を行う場合、人間の能力の限界を考慮すれば、むしろ集中投資を行ったほうが、正しい投資行動に結びつく、としています。

5−2 運転資本のマネジメントこそが キャッシュ・フロー創出のカギ

5−1で触れたとおり、運転資本マネジメントの重要性を確認するために、再度、企業価値の大元であるフリーキャッシュ・フローの計算式をみましょう。

計 算 式　FCF（フリーキャッシュ・フロー）

FCF＝税引き後営業利益（NOPAT）＋非現金支出
　　　－運転資本の増減額－投資額

本業の儲け（税引き後営業利益）から差し引かれる、つまり価値が減額されるのは、運転資本の増加額と投資額です。投資は、将来価値を生み出すために必要で、回り回って最初のNOPATに戻る好循環となりますから、単にコスト削減のために削れば、中長期でジリ貧になってしまいます。

差し引かれるもう１つの運転資本とは、一般的事業者（製造業や小売業など）の場合、（売掛債権＋棚卸資産－買掛債権）であり、事業を継続していくために必要な運転資金です。

まず売上げを得る前に、原材料や部品を仕入れて完成品にする工程がありますから、仕入分のキャッシュアウトが先にあり、在庫が売れると売掛債権になり、それをキャッシュとして回収するまでの期間があります。

つまり、その期間のつなぎ資金（運転資本増加分相当）の資金手当が必要になる、これは「借金」と同じです。その額が多ければ多いほど、期間が長ければ長いほど多額な「借金」が必要になります。

ここでわかることは、売上げが成長拡大し、ビジネスが順調に大きくなっている場合でも、運転資金をうまく管理しなければ、ムダに差し引かれる金額が大きくなる、つまり企業価値を毀損するということです。

売上げが増えれば売掛金が増え、在庫が増えます。在庫の価値の減額分を

極小化するためにすべきは、まず売上債権の回収期間を短くすることです。

この売掛金の回収が遅れるということは、本来は得意先が借金をしてでも支払うべき商品や製品の代金を、かわりに企業側が借金をして、金利を払いながら待っていることを意味します。

もう一方の棚卸資産（在庫）も、なるべく、売り逃しの機会損失を発生させない範囲で圧縮する、もしくは滞留させずにスムーズに流通させることが重要です。

要するに、ムダな在庫をもたないための生産管理の改善を行わねばなりません。

在庫と企業価値の密接な関係は、3－10で取り上げたエリヤフ・ゴールドラット著『ザ・ゴール』にも書かれています。

同書で説かれているTOC（Theory Of Constraints：制約理論）の目的は、実際のスループット、つまりキャッシュ・フローの最大化にあり、その点こそが、明確に「フィクション」であるコスト会計、財務会計ルールとの違いですが、ストーリーのなかでは、救世主となった恩師が、主人公の工場にあるボトルネック（与えられた仕事を処理しきれなくなっている工程）を見つけるヒントは、在庫の山が存在する場所だとアドバイスします。

アドバイスに従った主人公が、仕掛品の山を築いていたボトルネックを発見し、すべての生産計画を全体最適に沿って練り直し、改革を断行した結果、キャッシュ・フローとともに余剰生産力まで手に入れ、飛躍的な改善と成功に結びつくのですが、一方で、工場内の在庫が減ったことで、会計上の損失が出ていると本社から指摘され、従来のやり方に戻せと迫られる場面があるのです。

なぜ、在庫を増やすと利益が増えるのでしょうか。

実は、「会計上では」、粗利（売上総利益）の計算式は次のようになるのです。

計 算 式 　会計上の粗利（売上総利益）

・粗利＝売上げ－売上原価
・売上原価＝期首在庫＋当期仕入れ－期末在庫※
※正確には、
　　材料費（払出し金額）＝期首材料在庫＋材料の仕入れ－期末在庫
　　売上原価＝期首製品在庫＋製品製造原価（材料費・労務費・経費
　　　　　　　－期末製品在庫）

　図式化すると、このようになります（**図表24**参照）。
　計算式、および図表から確認できるとおり、粗利を増やすためには、売上原価が小さくなればよいわけですから、期末在庫が増えると、売上原価は小さくなり、利益は増えます。しかし、当然ですが、在庫が増えればキャッシュ・フローは減ります。資本効率も落ちて最終的には利益も落ちる、会計にごまかされるだけで本質を見誤りやすいのです。
　実は、棚卸資産は不正会計としてもよく使われる項目で、利益極大化のための「在庫偽装」なども、しばしばニュースに取り上げられます。
　買収される前の末期状態だったシャープも、在庫の積増しで利益を嵩上げしており、亀山第一工場が稼動した2004年度（平成16年３月期）と、10年後の2014年の棚卸資産回転日数を比べると44.3日から78.4日へ、77％増となっていますが、売上げは8.8％増、そして、棚卸資産は２倍弱です。売上げの

図表24　会計上の粗利

（出所）　筆者作成

増加をはるかに上回る在庫の増加になっていることがわかります。その分キャッシュ・フローは落ちていたわけです。

　こうした運転資本の効率性を評価するには、代表的な経営比率であるCCC（Cash Conversion Cycle：キャッシュコンバージョンサイクル）が参考になります。計算式は、次のようになります。

計算式　CCC（キャッシュコンバージョンサイクル）

　CCC＝（売上債権回転日数＋棚卸資産回転日数－買掛債務回転日数）

　CCCが長ければ、より大きな資金が在庫や売掛に滞留し、いくら売上げが増えても、現金がなかなか手元に戻らない、それはつまり、将来価値を生み出す投資に回す資金が確保しにくいということですし、逆にCCCが短ければ、売上成長にキャッシュの増加が伴い、次の投資機会へ迅速に対応できるという好循環が生まれます。

　2－4で触れたとおり、Amazonは、20年以上にわたってCCCがマイナスという驚異的な経営を行っています。

図表25　米国企業の研究開発費

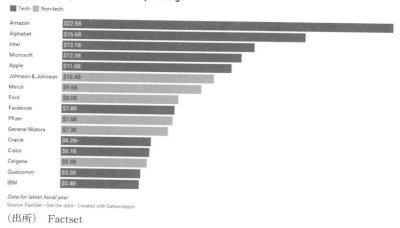

(出所)　Factset

つまり、運転資本がそもそも必要ない、売上げが計上される前にすでに資金の回収が終わっている状態ですから、その豊富な資金を、次の投資や研究開発に回すこともできる、ビジネスをやればやるほど加速度的にキャッシュが積み上がるビジネスをしているということです。

　Amazon の研究開発費が世界一の規模である理由もここにあります（**図表25**参照）。

　ジェフ・ベゾスは、毎年の Annual Report の冒頭に必ず上場した1997年の株主への手紙を添付しています。

　そこには、次のように書かれています。

　　"We believe that a fundamental measure of our success will be the shareholder value we create over the long-term."

　　（われわれはアマゾンの成功を判断する基本的な評価基準は、長期的にわれわれが創造する株主価値であると信じています）

　　"When forced to choose between optimizing the appearance of our GAAP accounting and maximizing the present value of future cash flows, we'll take the cash flows."

　　（一般会計原則に基づく財務諸表の見栄えをよくするか、将来のキャッシュ・フローの現在価値を最大化するかを迫られたときは、キャッシュ・フローを優先します）

●もう一段の深掘り＆余談 — No.22

　運転資本の効率をフォローするために、それぞれの回転率・回転日数をチェックすることは非常に重要です。

　そのなかでも、棚卸資産回転日数は、分子は在庫ですが、分母に売上高を使うのか、売上原価を使うのか、見解が分かれます。

　これは、販売価格で計算するか、仕入価格で計算するかの違いでもありますが、基本的に、分母と分子の金額の「整合性」でいえば売上原価が正しいです。

　特に小売りの場合、在庫の回転日数が話題になることも多く、売上高を

使っている記事もよくみかけますので、計算式の中身を注意深く確かめなければなりませんが、それだけでなく、両方の数字を比較するとみえてくることもあります。

　たとえば、100円のものを10個仕入れて、100×10＝1,000円、この在庫を200円で10個売った＝200×10＝2,000円とします。

　（実際の算定では分母を365日で割りますが、今回は割愛）

　売上高では、

　　1,000÷2,000＝0.5日

　売上原価では

　　1,000÷1,000＝1日

です。

　つまり原価と売上高の計算結果の差の多寡というのは、ある意味、利益の差でもあるのです。

　高く売れれば、それだけ売上高ベースは小さくなりますから、2つの差が大きいほど付加価値が高くとれていることになります。

　しかし、それがよいかどうかは、数字の絶対水準をみなければわかりません。差があったとしても、日数自体が長いか短いかで運転資本の効率がよいのかどうかも決まりますから、一概にはいえないということです。

　そして、たとえば、FCモデルで店舗を運営している企業などでは、実際の在庫はフランチャイジーとして契約している別の主体がそれぞれの店舗で保管して売っていますから、実際の在庫の売れ高というのは、加盟店売上高であり、フランチャイザー本部の営業収入（売上高）ではありません。

　本部に入る売上げは、あくまでもロイヤリティ収入なので、分母に売上原価の数字を使うと、過大な数字が算出されることになり、見誤ってしまいます。

　この場合、本部の在庫は、倉庫在庫や流通在庫のみであり、店頭在庫はフランチャイジーが管理していますから、フランチャイザーである企業の財務諸表で確認することはできません。

　店頭在庫の滞留状況を確認するには、B/Sの流動資産にある加盟店貸勘定、これは加盟店に対する売掛金ですから、大体の仕入額が確認できます。自己資本で仕入れている分も一部あるかもしれませんが、この額を、加盟店売上高で割ることで、ザックリと回転日数をチェックすると経営状況やレベル感を把握することができます。

価値の源泉と強み弱みを確認する
バリュードライバー分析

　バリュードライバーとは、「企業価値を左右する、キャッシュ・フローの出方に大きく影響を与えるファクター」のことです。企業価値判定に最も適した指標であるROIC、この構成要素を分解し、一つひとつの経営比率を分析することで、バリュードライバー、つまり価値の源泉をどうやって得ているか、当該企業にとって競争優位性のKPI（Key Performance Indicator）がどこにあるのか、等を数字で確認することができます（**図表26**参照）。

　さらには、たとえば、次のような感応度分析（**図表27**参照）はピジョンの2019年12月期決算説明会資料に記載された数字を使い、実績値ではなく計画値であればどうなったのかを計算したものですが、このような検証をやってみると、企業の姿、強みや弱みがみえるようになり、その裏側、つまりリアルな経営活動、製品や商品、営業や技術、働いているヒトたち、などとの紐づけもできるようになってきます。

図表26　ROICの構成要素

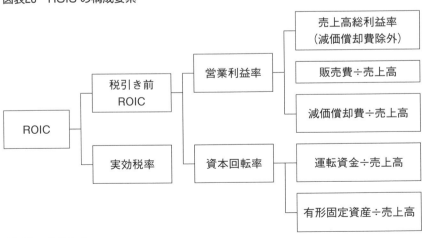

（出所）　筆者作成

図表27　バリュードライバー感応度分析

スプレッド	ROIC	税引き前 ROIC	営業利益率
12.47%	17.47%	24.96%	17.10%
14.31%	19.31%	27.59%	18.90%
14.69%	19.96%	28.13%	
12.27%	17.27%	24.67%	

PVA	NOPAT/投下資本	営業利益－税金	
8,525	17.44%	11,951	
		投下資本	運転資本
		68,523	19,985
7,647	16.16%	11,073	
8,534	17.49%	68,347	
8,438	17.01%	70,265	
8,479	17.21%	69,436	20,898
14,708	26.46%	68,523	
6,842	14.98%	68,523	

（出所）　ピジョン株式会社「2019年12月期決算説明会資料」より筆者作成

投下資本回転率
1.45985401

原価率：49.2→47.9%　　販管費：33.7→33.2%

運転資本比率：20→18.7%

現金他資産負債比率：20.7→21.1%

1.48809524
1.45137881

営業利益
17,073

税金：5,122→6,000

運転資本：19,986→19,809

現金他資産負債：20,718→22,459

売上債権：15,796→16,709

23,256　　売上高：1,000,017→106,200

15,390　　売上原価：49,217→50,900

バリュー投資はセクターを選ばない

　本質価値を追求し、フランチャイズバリューの安定的価値創造がカギとなるバリュー投資は、セクターを選ぶことはありません。ハイテク企業、ネット関連、バイオ等や、新興の企業であっても、バリュー投資の対象になりうる、ということです。

　しかし、たとえば、実際のモノの取引を伴わないネット関連事業は、参入障壁に脆弱性があり、新規参入者等に容易にあっという間にとってかわられるリスクをはらんでいますし、こういった企業群のほとんどが、2－9で詳述したとおり、成長が高く、競争が激しい市場に属しているため、価値を毀損しやすいといえます。

　そもそも需要も業績もボラティリティが高く、肝心の持続的、安定的な価値創造に難がある場合が多い、等の理由があるゆえに対象になりにくいだけなのです。

　換言すれば、サステイナブルな将来価値の成長が、ある程度見通せるということが、バリュー投資を行ううえでの条件になります。

　1つ代表的な企業事例をあげて説明しましょう。商品情報統合管理ミドルウエア「eBASE」からコンテンツマネジメントソフトやソリューションの企画開発・販売を行うeBASE（3835）で、サプライヤー（メーカーや卸）とバイヤー（主に小売り）間の商品情報交換をメインターゲットとして多様なかたちで展開することで、業界内の標準プラットフォームとして普及させ、流通そのものを変えるねらいで事業を拡大させている企業です。

　そのために、これまで同社はコア・コンピタンスである「eBASE」で主に2つのビジネスモデルを展開しています。

　まず業界別にカスタマイズした商品情報交換パッケージソフトの販売を、最初は食中毒や表示不正など多数の事件もあり、安全に対する懸念が高まった食品業界向けのFoods eBASEからスタートし、トレーサビリティ、つま

り生産者から販売までの情報開示や、安全管理のためのアカウンタビリティのニーズに応える内容を提供しています。

　たとえば、農産品の場合、栽培に使った種や肥料・農薬の種類、その量、回数、など生育環境に関する詳細、成分分析の数値、等を、加工品であれば、原材料や管理状況、工場での衛生管理から調味料、添加物、製造方法、流通ルート、温度管理など膨大なすべての情報を保存し、その商品情報データベース（以下「DB」という）を物流に伴って「生鮮生産団体→原材料メーカー→加工食品メーカー→食品卸→食品小売り」と効率的に流通する環境を構築しているのです。

　これによって、いままでは各社がバラバラに複数の異なるフォームで提供してきた情報を一元的に管理し、一度作成した商品仕様DBはそのまま継続的に更新されて交換可能になりますから、ネットワーク外部性による“正のフィードバック”が発生します。つまり、そのエコシステムに入ったレイヤー同士では、商品情報交換の品質が格段に向上し、双方の負荷も大幅に軽減しますし、納期も短縮されるため、運転資本の改善にもなり、WinWinの価値創造を築くことができるということです。

　情報交換における重複などの非効率解消だけでなく、ソリューションとして社内の各工程で必要な機能をワンストップ提供することでサーチコストも引き上げています。たとえば、各種仕様書管理、スムーズな紙メディア（総合カタログ、パンフレット、POP等）制作支援や、営業活動支援（得意先への提案書作成等）、そして、バックオフィスの基幹系システム（経理勘定系、販売管理、物流等のシステム）等にもすべて網羅して転用できるのです。

　さらにそのパッケージソフトウエアを、日用品雑貨、住宅、工具、家電、文具等の業界に向けたGoods eBASE、部品メーカー、原材料メーカー、化学メーカーなどのグリーン調達に向けて環境関連商品情報を扱うGreen eBASEなど、事業ドメインの拡充を図っていきました。

　そして、もう1つは、商品情報のデータプールをクラウドベースのソリューションとして運用する「商材えびす」です。サプライヤーがこのDBシステムに商品情報を提供すると、それを必要とする関連企業のバイヤーが

図表28　eBASE 経営比率

	2011年 （3月31日）	2012年 （3月31日）	2013年 （3月31日）	2014年 （3月31日）
ROIC	9.90％	15.12％	18.82％	19.31％
WACC	0.15％	1.67％	5.10％	5.80％
営業利益率	13.81％	11.87％	15.74％	18.26％
売上高成長率	57.72％	110.49％	6.39％	－1.52％

（出所）　筆者作成

　このシステムに加盟して効率的に商品情報を収集できる環境を業界単位で構築し、商品情報交換の効率化、全体最適化を目指し、事業活動の負荷低減に資するインフラとして位置づけた事業です。まさに参入障壁の流通チャネルであり、〈もう一段の深掘り＆余談…No.9〉で説明したロジスティクスの構築でもあります。

　「食材えびす」「日雑えびす」「文具えびす」「OTCえびす」「調剤えびす」「家電えびす」など展開する業界は増加していますが、たとえば、小売りが商品のマスタデータを品番ごとにすべてデジタル化するには数億単位の金額がかかるのに対して、このシステムはクラウドサービスなので、専用サーバーが不要で、短時間で安価に、月数万円程度で導入が可能になるのです。

　医薬品の場合であれば、コード、医薬品名称・規格・発売日・終売日等のマスタデータや、サイズ・従量等の物流情報を簡単に取得可能になるため、棚割りシステムや調剤薬品系システムにも活用でき、情報収集側となるドラッグストアや小売店だけでなく、情報提供側となる医薬品メーカーにおいても効果的に活用できます。

　「住宅えびす」では、特に大手ハウスメーカーが音頭をとり、メンテナンス部品から主要部材に至るデータ収集のため、主要サプライヤーの三協アルミやTOTO、INAXなどに対して正式に加盟するよう依頼しました。

　そうなると、さらに工務店やリフォーム業者、そしてホームセンターなどにも展開が広がる可能性があり、対象業界の裾野が非常に広いといえます。

2015年 （3月31日）	2016年 （3月31日）	2017年 （3月31日）	2018年 （3月31日）	2019年 （3月31日）	2020年 （3月31日）
20.50％	19.87％	19.82％	19.24％	18.76％	19.19％
5.90％	6.75％	6.60％	6.85％	5.98％	10.20％
20.90％	19.55％	23.14％	25.03％	27.20％	29.09％
11.20％	15.29％	0.36％	6.94％	5.60％	9.85％

地域によって法的規制が異なるなど、対応がめんどうなビジネス特性もあり、廃番や代替品情報のタイムリーな取得など、情報を一元化し、問合せ対応などの業務負荷を低減して効率化を図りたいニーズが非常に高い業界です。

　このように、共同での価値創造環境をプラットフォーマーとして提供することで新たなビジネスの可能性が広がり、それが自社の複利的な価値創造を極大化していく仕組みになっているのです。

　BtoB、かつ、バリューチェーンの川上～川中の部分を受託する安定性とストック型の収益構造に加えて、この価値創造のビジネスモデルがネット関連産業の脆弱性を打ち消していることが確認できるからこそ、この競争優位性が変わらない限り、サステイナブルに創出されるフランチャイズバリューが長期に複利で増大していくであろうと判断できるのです。複利については、5－6で説明します。

バリュー投資の対象となる企業について再考察

バリュー投資には、「バリュー株に対するバリュー投資」と、「成長株に対するバリュー投資」があります。

ここで、再度エコノミックプロフィットの計算式を確認してください。

計 算 式　EVA（経済的付加価値）

EVA＝（ROIC －資本コスト）×投下資本総額

3－5で説明したとおり、不確実性が高くなってリスクが上がると、資本コストは上昇します。相対的にリスクが高い成長株が成長期にある場合には、要求収益率が上がり、スプレッドが小さくなる、下手をするとマイナスになってしまうことで、価値が毀損されます。

さらに、成長率が高ければ、必然的に投下資本総額は高くなりますが、調達のコストよりも高い ROIC を上げられなければ、成長があっても価値が目減りしていきます。しかし、分母の投下資本が高いということは、ROIC も低い傾向があります。

一方で、バリュー株は ROIC が高く、資本コストが低いためにスプレッドは大きくなりますが、逆に投下資本総額は、傾向として低めです。

これらを総合的に考えると、バリュー投資としてのアプローチは、「バリュー株の成長ステージ」が最適であり、かつ、価値創造力の高い優良企業の場合、そのステージが半永久的に継続される可能性が高いですが、「成長株の成熟ステージ」であっても、同じアプローチが有効、と判断できます。

バリュー投資は、基本的に、10年、20年を見越したときに、当該企業がレゾンデートル（存在意義）つまり、長続きする競争優位性（参入障壁）をもっているかを重要視しますが、ここを測るときに前提とすべきなのは、業界を越えた本質的な競争であり、もっと根本的な、ビジネス自体が今後いかなる

競争環境に（当然グローバルで）置かれていくのか、業績評価の前に、そこを判断せねばなりません。

　なぜならば、同じ業界だけで競争するわけではないからです。社会にパラダイムシフトが起きてくると、たとえば、テレビ局の競合になったのは他局ではなく、インターネットやスマホです。

　カメラ業界では、かつてはフィルム（コダックや富士フイルム、コニカやアグファ）を使って、カメラ（ニコンやキヤノン、オリンパスやミノルタ）で撮影し、地元の街にあるDPEの取次で現像を行って、保存し観賞（フエルアルバムやコクヨのアルバム）する、という棲み分けで関連産業が成り立っていましたが、すべて根こそぎ破壊され、デジカメによってフィルムがメモリーカードに置き換わり、現像もなくなった後、次にはデジカメもスマホに置き換わってしまったのです。

　このように、主役が変わるとプレーヤーさえ変わってしまう、もちろんグローバルな競争環境のなかでは、国も地域も関係ないということです。要するに、この参入障壁が通じなくなる将来は来るのだろうかと常に想像してみることが非常に重要であり、これは投資家の側も経営者の側も同様なのです。

　たとえば、バフェットがジレットに投資した理由は、「習慣」による消費寡占＋強いブランド力、というフランチャイズバリューを生む参入障壁とともに、「人がヒゲを剃る限り、カミソリの需要はなくならない」という不変の競争環境です。

　しかし、世間一般によく出されているようなご託宣、「市場や技術動向の予測」などというものがあてにならない、専門家と呼ばれる人たちも含めて当たった試しがない、ということは周知の事実でしょう。そして、そんなものを正確無比に読むことに価値がないことは、株価見通しと同じです。

　バリュー投資家がみるべきは、市場ではなく企業です。価値観の変化に対して、そもそもの組織のあり方として、柔軟に対応ができる企業なのかを見極めるほうが、より重要であり、はるかに建設的ということです。

　たとえば、世界最大の自転車パーツメーカーで、特に変速機やブレーキな

どでニッチトップのシマノ（7309）は、製品のバリューチェーン・プロセスすべてにおいて、顧客ニーズの拾上げ、フィードバックなど現場の要素としてオタク目線を取り入れる、つまり、顧客ロイヤリティに対する経営判断に徹底して妥協がない企業です。

　同社の米国現地法人設立は1965年ですが、その7年前から、社員に「キャラバン隊」を結成させて米国全土の自転車小売店へ訪問を実施、小売店から顧客の動向やクレーム関連の情報収集を行うと同時に、自社新製品の紹介とその反応等の聞取りも行っていたのです。

　そして、集められた情報をすべて本社にフィードバックし、すぐに製品開発に反映させています。

　そうしたアプローチが大きく実を結んだ事例が、マウンテンバイク（以下「MTB」という）市場です。1980年代初頭に、カリフォルニアで一部の愛好家たちが、普通の自転車を使って山や川など悪路を走るスポーツを楽しみ始めたのですが、道路上を走ることを想定した普通の自転車では性能的に対応

図表29　シマノ11速ハブ

（出所）　筆者撮影（シマノ・サイクリングワールド・シンガポール）

178

しきれない、その状況を現地でみて市場として有望と判断したシマノが、即座に専用部品の開発製造に取り組んだのがMTBの発祥です。

　他社は、特殊な用途であり市場規模も限定的と判断したため、そんな専用部品を開発しようとするメーカーは皆無でしたが、逆にシマノは、世界各地から砂や土を集めて製品テストをするなど、さらに徹底した入念な製品開発によって、MTB用にDeore（デオーレ）という製品を投入しました。

　競合他社のほとんどは、MTBがブームになってから慌てて、既存のロード用製品をベースに、色や形状をMTB用に変更して製品を投入したので、MTBの使い方をするとクランクが折れるなど不具合が多発しました。それがさらに、「マウンテンバイクはシマノ」という評価をユーザー間に定着させ、不動のものにしました。

　こうした優良企業は、常に不断の変革、絶え間ない改善を行っていますが、結局、そうした根本的な体質が組織内に確立されていない企業の場合は、たとえ改革を叫び、人事に大ナタを振るったとしても、サプライズな対応策を導入したとしても、投資家としての経験則上、「いまの会社を潰して」一度清算、または再生するようなかたちをとらない限りは、根本の体質は変えられないでしょう。

　だからこそ、必ず訪れる厳しい時期や、事業を進めるうえで立ちはだかる困難に対して、当該企業に、そもそもレジリエンス力があるかどうかを見極めなければならないのです。

　一方で、将来価値の見込みに不確実性が高い銘柄、あるいは時期には、安全性マージンを高くとる必要があり、バリュー投資には、あまり適さない銘柄といえます。

　経営者の影響については、バフェットがいうとおり、

　「愚か者でも経営できるビジネスに投資をしなさい。なぜなら、いつか必ず愚かな経営者が現れるからだ」

というスタンスが基本ですが、中小企業などには特に、創業期などを引っ張ってきたカリスマ経営者の存在が、企業に与える内外の影響を懸念する声が大きいため、カリスマ経営者がいなくなったときには、その企業に少なか

らず「揺らぎ」があると想定されます。

　ただし、ここまでみてきたように、投資判断で重要なのは、参入障壁に裏打ちされた競争優位性、それを担保し強化するビジネスモデルです。

　5年、10年、20年、さらに永久に保有し続ける可能性も鑑みれば、「ヒトの要素」に頼る投資こそが「不確実性が高い」ことを理解すべきです。

　2－12で説明したとおり、もし、非常に優秀な個人がもつ勘や経験則などの判断力に依存し、毎回異なるプロセスを経て勝利に至ることができたとしても、その勝利に至るメカニズム自体を分析し、再現して仕組み化することはできない、これがたとえ経営者であっても同じです。

　その企業の内部で広く共有され、集合知のなかで改善していくバリューチェーンが確立されていなければ、将来に永続して価値創造できる企業にはなれないということです。

<table>
<tr><td>5－6</td><td># 真のバリュー投資は「時間を味方に
つける投資」</td></tr>
</table>

　本書のはじめに取り上げた「真のバリュー投資の定義」の2つ目、「時間を味方につける投資」について、ここで詳しく説明していきます。

　一般的なバリュー投資のイメージには、「安く放置されている株を見つけ、上がるまで待つ」がありますが、それは明らかに間違っています。

　5－4で説明したとおり、「サステイナブルな価値創造を確認して組み入れ、競争優位性が変わらない限り保有し続けて、長期に複利で増大する企業価値」を享受すること、つまりは、複利思考こそがバリュー投資の肝です。

　あらためて確認しますが、「複利」で倍増するものは、「企業価値」です。当然、企業の一部所有者としての株主は、キャピタルゲインの増大という恩恵を得るわけですから、切り離した議論ではありません。

　逆にいえば、多くの投資家が、目先の「とるに足らない」リターンのために、まるで「同じ船に乗っているはずの」企業からの価値搾取に加担するような投資行動に堕していることこそが、最も嘆くべき問題でもあります。

　理解していただくために、まず複利の説明からしていきましょう。

　アインシュタインが「人類最大の発明」「宇宙で最も偉大な力」と称した複利ですが、その計算には、CAGR（Compound Annual Growth Rate：年平均成長率）が使われます。複数年にわたる成長率から、1年当りの幾何（きか）平均を求める方法です。計算式はこれです。

計 算 式　CAGR（年平均成長率）

$$CAGR = \{(\alpha \text{年度の値} \div \text{初年度の値})^{(1 \div (\alpha - 1))}\} - 1$$

　たとえば、バートン・マルキール著『ウオール街のランダム・ウォーカー[19]』に、1950～2002年の52年間で、NYダウの終値を、毎年25年ごと、つまり、1950～1974年、1951～1975年、1952～1976年といったように分けて、それぞ

れの期間の CAGR を算定したものが出ていますが、最小値が7.94%、最大値は17.24%だったそうです。

これが意味するところは、最悪でも、25年間7.94%で成長し続けたということで、最悪の時期に保有し続けたとしても、25年間で、（1＋7.94%）^{25}＝6.75倍になっているのです。

これは市場平均ですから、もし、もっと割安なところで将来 FCF 成長率の高い銘柄に投資しておけば、もっと大きな複利効果を得られるということです。ワンタイムの数十パーセント程度の値上り率などとるに足らないものです。

では、基本的な単利と複利の違いを確認しておきます。

現在100万円もっていて、年率10%で5年間運用するとします。

1年後には110万円になります。元本100万円に1年間で利息が、10万円（＝100万円×10%）となりました。

もし、この利息分10万円を引き出してしまえば、当然100万円になります。2年目もまた1年目と同じように10万円の利息がつき、2年後には110万円になる、また10万円引き出せば……と繰り返すと、いつまでたっても元金は100万円のままですが、一方、5年間で引き出した利息額は、合計50万円です。

よって、元金と利息を合わせれば、5年間で100万円から150万円に増えたことになります。

このように利息を現金で引き出し、利息そのものを運用しない方法が単利です。

複利の場合は、いっさいお金を引き出さないですから、1年後に110万円（元金100万円＋利息10万円）になったら、そのままにしておきます。

こうすれば、2年後には、110万円に対して10%の利息がつきますから、121万円になります。

3年後には、さらにこの121万円に10%の利息がつきますから133万円にな

19　バートン・マルキール『ウォール街のランダム・ウォーカー〈原著第12版〉株式投資の不滅の真理』（日本経済新聞出版、2019年）。

ります。

5年後の口座残高は、約161万円となっています。

「利息が利息を生む」というのが複利の特徴です。その複利効果で、単利のときよりも約11万円多く受け取れます。

たった5年でこの差になりますから、時間が経てば経つほど莫大な金額になっていくことは想像できますね。

3−12で説明したとおり、企業の余剰現金の運用については、株主還元で投資家に帰属するキャッシュ・フローから先食いして引き出してしまえば、複利で将来価値が増えるチャンスをみすみす手放すことになります。

DCFでみている将来価値とは、いまのオカネを複利で運用した場合に、現在の価値が将来どのような価値になるのかということです。

いまの100万円を金利10%で1年間運用した場合、将来価値は、

100万円×（1 ＋10%）＝110万円

2年目は、この110万円に対して同じように、（1 ＋10%）をかけます。

110万円×（1 ＋10%）＝121万円

3年後は、

121万円×（1 ＋10%）＝133万円

これを言い換えると、

100万円×（1 ＋10%）×（1 ＋10%）×（1 ＋10%）

$=$ 100万円×（1 ＋10%）^{3} ＝133万円

金融機関の商品には、半年ごとに利息がつくこともあります。年利5％で半年複利というのは、半年で、利率2.5%の利息がつくということです。

半年経ったときに、半年分の利息を元本に加えて、次の半年の金利を計算します。

最初の半年で、

100万円×（1 ＋2.5%）＝102.50万円

次の半年では、この102.50万円に利息がつくので、

102.50万円×（1 ＋2.5%）＝105.0625万円

となります。つまり、1年後には、

$$100万円×(1+2.5\%)^2 = 105.0625万円$$

となります。

つまり、将来価値は次のようになります。

計算式　複利計算の将来価値

現在資産　　　　：X　（円）

利率　　　　　　：r　（％／年）

利息の受取回数：m　（回／年）

運用期間　　　　：t　（年）

$$将来価値 = X × \left(1 + \frac{r}{m}\%\right)^{txm}$$

たとえ、同じ期間、同じ年率で、運用したとしても、利息がつく回数が増えれば増えるほど、将来価値は大きくなるのです。

さて、1－9では、DCF法について、「とびとび」の複利計算が前提、と説明しました。

通常、企業価値の複利計算は、年1回のキャッシュ・フローで計算しています。基本的には、企業の決算、1年ごと、あるいは四半期ごとの数字をベースに、将来FCFの予測値を作成し、理論株価を算出するからです。

しかし、思い浮かべればわかりますが、企業の収益は決算期末にだけ入出金されるわけではありません。

1年間を通じて分散されて出入りがあるはずです。キャッシュ・フロー的には、週次や日次で複利構造になっているといえます。事業活動そのものが、利息のつく回数が膨大になっているということです。

公認会計士・高田直芳氏の研究論文『管理会計と原価計算の革新を目指して[20]』にあるとおり、日々の企業活動において、昨日稼いだキャッシュは今日へ再投資（複利運用）され、さらに今日稼いだキャッシュは明日へ再投資

20　高田直芳「管理会計と原価計算の革新を目指して」（日本公認会計士協会研究大会、2013年9月5日）。

（複利運用）されていくものです。

つまり「企業活動は複利計算構造を内蔵し、企業は複利的な成長を遂げるもの」なのです。

企業のキャッシュ・フローが複利的に「利息がつく回数が増え続ける」ということは、つまり、

$$X \times \left(1 + \frac{r}{m}\% \right)^{txm}$$

のmが無限大に近づく構造、無限回数の複利計算になっているということです。

mを無限大に近づけると、

$$\left(1 + \frac{r}{m}\% \right)^{txm}$$

は e^{rt} に近づいていきます。e は「自然対数の底（ネイピア数）」です。

このように連続的に利払いを行う利息の計算方法を、連続複利といいます。したがって、連続複利で運用した場合、将来価値は、次のようになります。

計 算 式　連続複利の将来価値

現在資産：X（円）

利率　　：r（％／年）

運用期間：t（年）

将来価値＝X × e^{rt}

この事実において、5－2で説明したCCCが短い、もしくはマイナスであることで、売上成長にキャッシュの増加が伴い、早くキャッシュ・フローが手元に入るビジネスモデルを構築しているからこそ、次の投資機会へ、さらなる価値創造へ迅速につなげられます。また、このような好循環の意味合いの大きさも理解できますし、資本効率の重要性とボラティリティのリスクもあらためて確認できます。

資本効率の重要性では、たとえば、5－3で取り上げたバリュードライバー分析を、経営改善だけでなく、事業オペレーションそのものの設計に活かしている企業の代表事例として、米国のSouthwest Airlinesがあげられます。

　同社は、航空機が着陸し、乗客を降ろし、次の乗客を登場させ離陸するまでに要する時間が、通常1時間を切っています。AmericanやUnitedなどネットワーク型の航空会社は平均2時間以上です。その分多く飛べるということで、駐機時間が短くなります。

　駐機時間の差をもたらしているのが、ハブをもたずにニッチな短距離路線、つまり、ある地点からある地点へ、決まった区間を飛ぶ路線にフォーカスしている戦略で、一方のネットワーク型でハブを起点に運航していると、1便でも遅れれば、システム全体に遅れを引き起こしますが、2地点間を結ぶだけであれば、問題が波及して指数関数的にふくらんでしまうようなこともないわけです。

　資本効率性のドライバーは、一つひとつの感応度が非常に高いため、オペレーションや戦略、ビジネスモデルの改革や改善と結びつきやすい特徴があります。そのため、ドライバーに絞ったビジネスモデルを見つけ、競争優位性を際立たせることができます。

　同社が、航空機の駐機時間を短くして、1日の乗客数をいかに伸ばせるかをオペレーションの軸に据え、価値を増大させたように、1単位や1取引当りの利益が少なくても、投下する1単位の金額当りの販売数量が多ければ、高い企業価値を生み出せます。

　これは、ROICを組み替えた式によっても確認できます。

計 算 式　ROIC（投下資本利益率）

　ROIC＝（1－税率）×｛（単価－単位当りコスト）×数量÷投下資本｝

　資本効率を向上させることが第一目的であるトヨタ生産方式でも、一般的な稼働率ではなく、可動率（べきどうりつ）を指標とすることで、「つくりす

ぎのムダ」を発生させずに「価値の流れ」にムダがないかを管理していま
す。

　稼働率とは、生産実績に対する生産能力の割合であり、生産量によって変
わります。つまり顧客要求数のみを生産する場合は、顧客要求によって
100％以上にも以下にもなるので改善の指標にはなりません。無理に稼働率
を増やそうとして顧客要求数以上を生産すると、「つくりすぎのムダ」が発
生します。

　それに対し、可動率とは、その工程に仕事が来たときに、すぐに仕事にと
りかかれる割合を表します。

　つまり、可動率が100％ではないときは、その工程の手前に「待ち行列」
が発生します（製造業の場合は工程間仕掛品在庫が溜まります）。

　まさしくこれは、『ザ・ゴール』でいうところのボトルネックであり、ロ
ジスティクス構築の巧拙ともいえます。

　そして、この「つくりすぎのムダ」をなくす改善方法としては、「生産の
仕組み」を整備し、つくりすぎができないようなルールと「制約」を設ける
こと、としています。

　ほかにも、たとえば、〈もう一段の深掘り＆余談…№.21〉で説明したSPA
（Speciality Store Retailer of Private Label Apparel：製造小売業）のモデルで高
いフランチャイズバリューを創出しているニトリ（9843）は、世界各国から
調達した原材料を、インドネシアとベトナムの2拠点の自社工場に直送し製
品化しています。

　これらの海外で生産した商品を国内に輸入する際、コンテナの仕分けは、
一般的には商品別に入れられて運搬され、日本の物流センターで店別に仕分
けられるものですが、ニトリの場合は、中国で仕分けをすませ、コンテナに
は店別に商品を入れた状態で日本へ運びます。川上で物流加工を行うほど、
トータルのコストは下がるからです。

　しかし、その場合、かたちや大きさがまったく異なる家具が混載されるこ
とになります。そこで、国際物流、海上輸送の生産性を高めるための積載率
の改善として、家具の設計から見直し、組立型にすることで積載率を向上さ

図表30　ボラティリティによる価値創造の比較

Return		21%	18%	22%	21%	23%
A	1,000	1,210	1,428	1,742	2,108	2,592
Return		22%	53%	−12%	7%	35%
B	1,000	1,220	1,867	1,643	1,758	2,373

（出所）　筆者作成

せ、輸送コストを削減したのです。

　資本効率を向上させるため、製品そのものにさかのぼって根本を変える、自ら「制約」にあわせる、という発想です。

　可動率で説明したとおり、「価値創造の流れ」にムダがないようにするためには、ボラティリティを極力抑えることが重要ですが、ボラティリティのリスクについては、A社とB社のFCF成長率の違いによる最終的な価値を比較した事例をみてください（**図表30**参照）。

　確認できるとおり、同じ金額からスタートし、5年間の成長率はB社のほうがボラティリティが高いです。そして、最終的な価値は安定しているA社のほうが高くなっています。しかし、5年間の成長率の平均値はA社もB社も21％なのです。何が違うかといえば、複利ベースの成長率であるCAGR（年平均成長率）で、計算するとA社が20.98％、B社が18.87％になります。また、連続複利にした場合は、さらに高く、

　　1,000×EXP（20.98％×5）＝2,855

になります。

　つまり、時間を味方につけた真のバリュー投資で複利ベースの価値創造を享受するためには、なるべく安定的にサステイナブルなバリュー創出ができる企業を選ぶことが肝要なのです。

　何度も説明してきたとおり、バブルのような急激な需要拡大は価値創造のうえではマイナスであることは明らかですね。

　ゆえに、バリュー投資対象としての成長株であれば安定的なステージに入ったことを確認してからが望ましく、ボラティリティが高くなりやすい事

業の場合は、eBASE のようにストック型のビジネスを構築することが競争優位を高めます。需要の変動を吸収するためにはワークマンのように SCM を精緻化し、ダイキンのように生産管理を高度化し、ニトリのように物流のオペレーション効率を最大化する、このように継続的な改善を行うような企業は、こうした価値創造の仕組みを複層的に畳みかけるように打ち出し、連続複利で価値を増大させています。

　真のバリュー投資家が追い求めるべきは、企業であり、その Intrinsic Value であり、本質的な競争優位性であるということを、あらためて肝に銘じ、ステークホルダーとしての使命を果たしたいと考えています。

●もう一段の深掘り＆余談　　No.23

　最後に、〈もう一段の深掘り＆余談…No.7〉で触れたDCFバリュエーションにおける永久成長率の考え方についてですが、結論からいうと、特に競争優位性のある堅固な企業DNAをもつ企業に対して、大抵の場合、予測期間・継続期間通じてFCF成長率の想定が低すぎると考えています。

　多くのバリュエーション本には、「永久成長率を中長期の物価上昇率と同程度に設定する」「企業が安定成長フェーズになれば、減価償却費と設備投資がほぼ均衡する」等と書かれ、保守的な想定を正しいとしていますが、本当にそれが企業経営において現実的でしょうか。

　本書に取り上げたワークマンや良品計画、シスメックスなどは、設立から約40年、ピジョンは60年、シマノは80年の企業です。また、イノベーションマシーンと呼ばれる米国3Mなどは、創立約120年の企業です。

　これらの企業が、企業価値成長の因である投資を抑え、物価上昇程度の成長率で満足して生き永らえ続けることなど、到底ありえません。

　まさに、5−1で説明したとおり、「実際に、50年100年企業が、積極的に投資機会を享受して、企業価値を創造し続けており、逆に、やすやすと諦めて、衰退ステージに進むことも致し方なしなどと、ジリ貧状態を受け入れるような企業には、投資する価値はありません」ということです。

　そもそも、継続価値における永久成長率は、5〜7の予測期間の最終年度以降、「永久に一定の割合で増加する」と仮定した数値ですが、その意味するところは、ゴーイングコンサーンにおける永遠に続く企業活動期間の年

平均成長率です。

　つまり、よい時期も悪い時期も当然ありながら、それをすべて均してみた場合に、どの程度の水準を想定すべきか、ということです。

　継続価値の計算式の二段階モデルの構造は、「企業は、一定期間は資本コストを上回る収益をあげ、その後、投下資産に対する収益率が資本コスト（以下）の水準まで減少する」という原理に基づいていることで、現在価値の割引率とともにリスク（外れ値）を反映（保証）させた数値に収束させています。

　さらには、その二段階モデルで求められた理論株価（価値）に対し、安全余裕率（30〜50％）をとったエントリーポイントを設定することで、「時間を味方にする」ことを考慮に入れなかったとしても、十分に価値の上昇を享受できるレベルを把握できるようにしています。

　前述のとおり、「企業活動は複利計算構造を内蔵し、企業は複利的な成長を遂げるもの」が大前提であり、さらには、優良企業は、常に現時点ではわれわれにはみえていない複利の価値創造に向けた打ち手を先んじて繰り出し、時間の経過とともに、現時点で算定された理論価値は上方修正され続けていくことがほとんどです。

　こうした状況は、企業価値 $\exp(g-r)t$ が、正の無限大に発散している状態ともいえます。

　つまり、「不当に」保守的な想定は、確実に大きな機会損失をもたらすということです。それは、まさしく目先のコストに拘泥し、莫大な失敗のコストを見誤る企業の姿と同じです。高い成長率を想定することに、必要以上に怯むべきではないと考えます。

　本書で講義してきた内容をふまえ、徹底的に企業価値分析を行って、必ずバリュエーションにおける妥当な水準を掴んだうえであれば、リスクコントロールが十二分にできているはずです。

　おそれずに、自信をもって、信頼できる企業と同じ船に乗り、投資が人生にもたらしてくれるダイナミズムを楽しんでいただきたいと願っています。

〈付表〉

① ピジョン株式会社のエンタープライズ DCF バリュエーション

Pigeon	2015年	2016年	2017年	2018年
売上高	84,113	92,209	94,640	102,563
成長率	8.58%	9.63%	2.64%	8.37%
成長額	6,648	8,096	2,431	7,923
売上原価	45,817	48,864	49,951	51,990
対売上比	54.47%	52.99%	52.78%	50.69%
売上総利益	38,296	43,345	44,689	50,573
販管費	25,515	28,823	28,673	31,159
対売上比	30.33%	31.26%	30.30%	30.38%
営業利益	12,781	14,522	16,016	19,414
成長率	23.31%	13.62%	10.29%	21.22%
対売上比	15.20%	15.75%	16.92%	18.93%
税金	34.27%	29.72%	30.13%	29.44%
NOPLAT	8,401	10,206	11,191	13,699
非現金支出	2,079	2,725	2,631	2,816
対売上比	2.47%	2.96%	2.78%	2.75%
売上債権	15,278	13,870	16,103	16,440
対売上比	18.16%	15.04%	17.02%	16.03%
在庫	8,499	8,858	7,602	8,711
対売上比	10.10%	9.61%	8.03%	8.49%
支払債務	4,463	5,366	6,550	6,991
対売上原価比	9.74%	10.98%	13.11%	13.45%
Working Capital	19,314	17,362	17,155	18,160
増減	3,210	−1,952	−207	1,005
投資	−3,107	−3,345	−1,865	−3,679
FCF	4,163	11,538	12,164	11,831
	64.81%	177.17%	5.42%	−2.73%

	2020	2021	2022	2023
予想 FCF	10,029	13,244	12,856	13,797
現在価値（w）	9,552	12,013	11,106	11,351
現在価値（A）	9,536	11,973	11,051	11,276

（出所）　ピジョン株式会社「2019年12月期決算説明会資料」より筆者作成。なお、2019年
　　は決算期の変更があった。

2019年	2019年	2020年（F）	2021年（F）	2022年（F）
104,747	100,017	109,000	116,900	126,000
2.13%		2.64%	7.25%	7.78%
2,184		2,800	7,900	9,100
50,889	49,216	52,400	55,500	59,600
48.58%	49.21%	48.07%	47.48%	47.30%
53,858	50,801	56,600	61,400	66,400
34,246	33,727	38,500	35,300	38,500
32.69%	33.72%	35.32%	30.20%	30.56%
19,612	17,074	18,100	20,200	23,100
1.02%		−9.50%	11.60%	14.36%
18.72%	17.07%	16.61%	17.28%	18.33%
27.97%	31.19%	28.00%	28.00%	28.00%
14,127	11,749	13,032	14,544	16,632
2,907	3,124	3,500	3,500	3,500
2.78%	3.12%	3.21%	2.99%	2.78%
15,004	16,588	16,361	17,547	18,913
14.32%	16.59%	15.01%	15.01%	15.01%
10,604	11,210	11,118	11,924	12,852
10.12%	11.21%	10.20%	10.20%	10.20%
6,527	6,909	7,346	7,781	8,356
12.83%	14.04%	14.02%	14.02%	14.02%
19,081	20,889	20,132	21,689	23,409
921	3,059	2,303	800	3,276
−4,937	−3,948	−4,200	−4,000	−4,000
11,176	7,866	10,029	13,244	12,856
−5.54%	−29.62%	−14.50%	68.37%	28.18%

2024	継続価値	企業価値
14,807	1,282,123	
11,602	1,004,637	1,060,260
11,506	869,845	925,187
	1,119,347	

		Entry Point
理論株価（A）	8,715	5,229
理論株価（A）	7,605	4,563

② アニコム・ホールディングスの ECF（Equity Cash Flow）バリュエーション

Anicom Holdings	2015	2016	2017	2018	2019	2020	2021F
売上高	22,255	26,060	28,572	31,710	34,918	39,601	43,100
成長率	22.31%	17.10%	9.64%	10.98%	10.12%	13.41%	8.84%
成長額	4,060	3,805	2,512	3,138	3,208	4,683	3,499
売上原価	15,940	17,573	18,965	21,777	24,078	27,319	29,524
対売上比	71.62%	67.43%	66.38%	68.68%	68.96%	68.99%	68.50%
売上総利益	6,315	8,487	9,607	9,933	10,840	12,282	13,577
販管費	4,905	6,699	7,273	8,479	9,112	11,153	11,751
対売上比	22.04%	25.71%	25.45%	26.74%	26.10%	28.16%	27.26%
営業利益	1,410	1,788	2,334	1,454	1,728	1,129	1,826
成長率	88.50%	26.81%	30.54%	−37.70%	18.84%	−34.66%	61.74%
対売上比	6.34%	6.86%	8.17%	4.59%	4.95%	2.85%	4.24%
非現金支出	1,943	1,781	1,722	1,997	2,090	2,709	3,120
対売上比	8.73%	6.83%	6.03%	6.30%	5.99%	6.84%	7.24%
その他経常収益	382	446	405	628	910	1,863	
その他経常費用	540	100	364	227	356	800	
経常利益	1,251	2,129	2,372	1,855	2,282	2,192	2,900
特別利益		27			16	14	
特別損失	18	83	203	13	19	42	
税金等調整前当期純利益	1,233	2,073	2,169	1,842	2,263	2,150	
法人税等合計	403	674	610	519	665	637	
当期純利益	830	1,399	1,559	1,323	1,614	1,527	1,800
株主資本	9,271	10,762	12,233	13,546	22,233	23,720	25,170
増減	964	1,491	1,471	1,313	8,687	1,487	1,450
その他包括損益	−1	−123	−100	−128	−150	−530	
設備投資	−393	−1,946	−327	−131	−196	−661	−500
FCF	1,415	−380	1,383	1,748	−5,329	1,558	2,970
	70.48%	−126.86%	463.95%	26.39%	−404.86%	129.24%	155.74%

	2021	2022	2023	2024	2025	継続価値	
予想 FCF	2,970	3,475	4,066	4,757	5,566	165,398	
現在価値（W）	2,763	3,007	3,273	3,562	3,877	115,209	131,693

		Entry Point
理論株価（W）	1,621	972

（出所）　アニコム・ホールディングス 2019年3月期決算資料より筆者作成

③ 年金現価係数表（年金必要元本額早見表）

年	1 %	2 %	3 %	4 %	5 %	6 %
1	0.9901	0.9804	0.9709	0.9615	0.9524	0.9434
2	1.9704	1.9416	1.9135	1.8861	1.8594	1.8334
3	2.9410	2.8839	2.8286	2.7751	2.7232	2.6730
4	3.9020	3.8077	3.7171	3.6299	3.5460	3.4651
5	4.8534	4.7135	4.5797	4.4518	4.3295	4.2124
6	5.7955	5.6014	5.4172	5.2421	5.0757	4.9173
7	6.7282	6.4720	6.2303	6.0021	5.7864	5.5824
8	7.6517	7.3255	7.0197	6.7327	6.4632	6.2098
9	8.5660	8.1622	7.7861	7.4353	7.1078	6.8017
10	9.4713	8.9826	8.5302	8.1109	7.7217	7.3601
11	10.3676	9.7868	9.2526	7.7605	8.3064	7.8869
12	11.2551	10.5753	9.9540	9.3851	8.8633	8.3838
13	12.1337	11.3484	10.6350	9.9856	9.3936	8.8527
14	13.0037	12.1062	11.2961	10.5631	9.8986	9.2950
15	13.8651	12.8493	11.9379	11.1184	10.3797	9.7122
16	14.7179	13.5777	12.5611	11.6523	10.8378	10.1059
17	15.5623	14.2919	13.1661	12.1657	11.2741	10.4773
18	16.3983	14.9920	13.7535	12.6593	11.6896	10.8276
19	17.2260	15.6785	14.3238	13.1339	12.0853	11.1581
20	18.0456	16.3514	14.8775	13.5903	12.4622	11.4699
21	18.8570	17.0112	15.4150	14.0292	12.8212	11.7641
22	19.6604	17.6580	15.9369	14.4511	13.1630	12.0416
23	20.4558	18.2922	16.4436	14.8568	13.4886	12.3034
24	21.2434	18.9139	16.9355	15.2470	13.7986	12.5504
25	22.0232	19.5235	17.4131	15.6221	14.0939	12.7834
26	22.7952	20.1210	17.8768	15.9828	14.3752	13.0032
27	23.5596	20.7069	18.3270	16.3296	14.6430	13.2105
28	24.3164	21.2813	18.7641	16.6631	14.8981	13.4062
29	25.0658	21.8444	19.1885	16.9837	15.1411	13.5907
30	25.8077	22.3965	19.6004	17.2920	15.3725	13.7648
31	26.5423	22.9377	20.0004	17.5885	15.5928	13.9291
32	27.2696	23.4683	20.3888	17.8736	15.8027	14.0840
33	27.9897	23.9886	20.7658	18.1476	16.0025	14.2302
34	28.7027	24.4986	21.1318	18.4112	16.1929	14.3681
35	29.4086	24.9986	21.4872	18.6646	16.3742	14.4982
36	30.1075	25.4888	21.8323	18.9083	16.5469	14.6210
37	30.7995	25.9695	22.1672	19.1426	16.7113	14.7368
38	31.4847	26.4406	22.4925	19.3679	16.8679	14.8460
39	32.1630	26.9026	22.8082	19.5845	17.0170	14.9491
40	32.8347	27.3555	23.1148	19.7928	17.1591	15.0463
41	33.4997	27.7995	23.4124	19.9931	17.2944	15.1380
42	34.1581	28.2348	23.7014	20.1856	17.4232	15.2245
43	34.8100	28.6616	23.9819	20.3708	17.5459	15.3062
44	35.4555	29.0800	24.2543	20.5488	17.6628	15.3832
45	36.0945	29.4902	24.5187	20.7200	17.7741	15.4558
46	36.7272	29.8923	24.7754	20.8847	17.8801	15.5244
47	37.3537	30.2866	25.0247	21.0429	17.9810	15.5890
48	37.9740	30.6731	25.2667	21.1951	18.0772	15.6500
49	38.5881	31.0521	25.5017	21.3415	18.1687	15.7076
50	39.1961	31.4236	25.7298	21.4822	18.2559	15.7619
51	39.7981	31.7878	25.9512	21.6175	18.3390	15.8131
52	40.3942	32.1449	26.1662	21.7476	18.4181	15.8614
53	40.9844	32.4950	26.3750	21.8727	18.4934	15.9070
54	41.5687	32.8383	26.5777	21.9930	18.5651	15.9500
55	42.1472	33.1748	26.7744	22.1086	18.6335	15.9905
56	42.7200	33.5047	26.9655	22.2198	18.6985	16.0288
57	43.2871	33.8281	27.1509	22.3267	18.7605	16.0649
58	43.8486	34.1452	27.3310	22.4296	18.8195	16.0990
59	44.4046	34.4561	27.5058	22.5284	18.8758	16.1311
60	44.9550	34.7609	27.6756	22.6235	18.9293	16.1614

おわりに

　2019年７月に、前著『真のバリュー投資徹底講義』を出版し、今回さらに大幅に加筆した本書を執筆しました。

　特に、多くのページ数を割いたのは「堅固な企業DNA」を有する会社についての具体的な記述ですが、その強さの因を紐解いてみると、結局自社の参入障壁を高めるためには、他社がたどり着けない競争優位を築かねばなりませんから、あえて厳しくめんどうな道に自らを追い込み、鍛え上げてきた歴史に必ず行き着きます。まさに「人生」そのものであることに気づかされるのです。

　こうした「惚れ惚れする」気概をもつ企業とともに「同じ船」に乗り、応援できる立場になることが投資家の醍醐味ともいえるでしょう。

　ただし、必ずしも最後まで船に乗り続けなければいけないわけではありません。パフォーマンスが良くなるか悪くなるかは、どれだけうまく船を漕げるかというよりも、どの船に乗り込むかが大きく影響します。乗り込んだ船が浸水していると気づいた時は、浸水部を塞いでまわることにエネルギーを費やすのではなく、船を乗り換えることにエネルギーを費やすべきなのです。

　つまり、本文にも書いたとおり、短期か長期かが、投機か投資かの決め手ではない、ということですが、一方で、企業が価値を創造し増大させるためには、一定の時間軸が必要なので、もし当該企業が継続的に複利で本質価値を上げていける優良企業だったとすれば、短期間で売却したり、多額の配当を要求したりすることは、能力のある企業からの搾取を意味しますから、株主・企業双方への、ひいては社会に対する多大な機会損失になるのです。

　筆者が提唱する「負けない投資」の実践においては、初めから正しい答えを導き出すことを求めているわけではありません。

そのかわりに、粘り強く徹底して投資対象と向き合い、あらゆる可能性を排除せずに仮説を立て、それを一つひとつ検証すること、さらには、安全余裕率のあるレベルで投資する自律的な行動がとれること、自らの投資行動が合理的であると説明できること、投資の前提・想定が崩れたとき、競争優位性を毀損する事実が確認できたときには、すみやかに修正に動けること……そうした冷静で謙虚なアプローチこそが、求められます。

師匠である Value Partners Group の Cheah Cheng Hye 氏やバフェットが口をそろえて唱える投資家として成功するために必要な資質は、Integrity（誠実さ）と Diligence（勤勉さ）でした。

筆者も、こうして皆さんに投資の本質を説き、個別企業について語る機会によって、多数の気づきと学びが与えられ、自らを鍛えられる幸運をあらためて感じています。

そして、本書をお読みくださった皆さんの人生において、さらに高い価値が創造されるよう、今後もお手伝いができましたら幸甚です。

最後になりましたが、推薦文をいただきました農林中金バリューインベストメンツ株式会社 CIO の奥野一成様、本書をぜひ出版にと推してくださった株式会社オフィス・リベルタス代表で経済コラムニストの大江英樹様、編集および出版作業に多大なご尽力をいただいた株式会社きんざいの赤村聡様と出版部の皆さん、また「Aurea 人生と投資の会」第1ステージ・第2ステージで学びに参加してくださっている会員・卒業生各位、基礎講座やセミナー等の多数の参加者、書籍や講義配信の購読者・受講者、そして忍耐強い弊社スタッフたちに、この場を借りて、いま一度深く御礼申し上げます。

柳下　裕紀

【著者紹介】

柳下　裕紀　Yuki Yagishita

1964年生まれ。株式会社 Aurea Lotus 代表取締役 /CEO
CFA（米国公認証券アナリスト）。
国内外（香港・米国・日本）で20年以上の株式ファンド・
マネージャー経験（DIAM アセットマネジメント株式会
社（現アセットマネジメント One）、Value Partners
Group、ゴールドマン・サックス・グループ、レオス・
キャピタルワークスなど）含め、企業再生・M&A・債券
ストラテジスト等、企業投資・資産運用分野で計30年以上の経験をもつ。
現在は、香港のヘッジファンドから委託を受けた日本株と米国株の私募ファンド
運用に従事しながら、国内中小企業向けコンサルティングや、主宰する個人投資
家向けプログラム「Aurea 人生と投資の会」を通じた講義・講演など、専門の
企業経営や投資関連の領域で幅広く支援・啓蒙活動を行っている。

真のバリュー投資のための企業価値分析

2021年 3 月12日　　第 1 刷発行
2024年 6 月27日　　第 6 刷発行

著　者　柳　下　裕　紀

発行者　加　藤　一　浩

〒160-8520　東京都新宿区南元町19
発　行　所　一般社団法人 金融財政事情研究会
企画・制作・販売　株式会社きんざい
出　版　部　TEL 03（3355）2251　　FAX 03（3357）7416
販売受付　TEL 03（3358）2891　　FAX 03（3358）0037
URL https://www.kinzai.jp/

※2023年 4 月 1 日より企画・制作・販売は株式会社きんざいから一般社団法人
金融財政事情研究会に移管されました。なお連絡先は上記と変わりません。

DTP・校正：株式会社友人社／印刷：三松堂株式会社

ISBN978-4-322-13839-9